让人生赢在语言上

陈亮亮　编著

吉林文史出版社
JILIN WENSHI CHUBANSHE

图书在版编目（CIP）数据

让人生赢在语言上 / 陈亮亮编著. -- 长春：吉林文史出版社，2019.9（2023.9重印）

ISBN 978-7-5472-6464-5

Ⅰ．①让… Ⅱ．①陈… Ⅲ．①语言艺术－通俗读物 Ⅳ.①H019-49

中国版本图书馆CIP数据核字(2019)第153376号

让人生赢在语言上

RANG RENSHENG YINGZAI YUYAN SHANG

编　　著　陈亮亮
责任编辑　高冰若
封面设计　韩立强
出版发行　吉林文史出版社有限责任公司
地　　址　长春市净月区福祉大路5788号
网　　址　www. jlws. com. cn
印　　刷　天津海德伟业印务有限公司
版　　次　2019年9月第1版　2023年9月第3次印刷
开　　本　880mm×1230mm　　1/32
字　　数　145千
印　　张　6
书　　号　ISBN 978-7-5472-6464-5
定　　价　32.00元

前言
PREFACE

古龙说："有人的地方，就有江湖。"

在武侠世界里，侠客们依靠武功行走江湖；在现实世界里，不少人要靠语言纵横天下。现今人与人之间彼此的依存度越来越高，作为沟通与协调的重要手段——语言，也就愈发显得重要起来。

每个正常人，从咿呀学语起，到寿终正寝止，几十年的光阴中，不知道要说多少话。朱自清在《说话》一文中说："人生不外言动，除了动就只有言，所谓人情世故，一半儿是在说话里。"我们天天说话聊天，不见得就熟能生巧，个个练出好口才。许多人说了一辈子话，也没有说好过几句话；而一些人仅凭几句话，千百年来就可让人津津乐道。

语言是思想的衣裳，如何将语言裁剪成美丽得体的衣裳"秀"出靓丽的你，是每一个现代人都需要修炼的功夫。高明的语言"裁缝"，给人带来的不仅仅只是沟通的顺畅，还能给人带来自信与融洽的人际关系。一个人在别人面前、在众人面前，若能够清晰准确、生动形象地表达出自己的思想和意念，这个人的自信心必定会大增，性格也会越来越温煦与美好。

三寸之舌，强于百万雄兵；一人之辩，重于九鼎之宝。语言的力量是巨大的，会说话是一门学问，说话有分寸更是一种修养。尤其是在今天这个充满竞争的社会，我们常会发现，那些擅于言辞的人更容易赢得别人的喜欢，更容易获得别人的帮助。但如果真要比能力、专业技能，谁胜过谁那还未必呢。所以，不得不承认在当下，语言成了人们的一项有利优势，它能让你行于人前，走向成功。

目录
CONTENTS

第一章
语言，决定了一个人的成败

　　在今天这个充满竞争的社会，一个人能否成功，不仅取决于他所掌握的知识，还离不开他的表达能力。在生活和工作中，我们每天都要跟各种各样的人打交道，这就要求我们不仅要会做事，更要善于言辞。美国人类行为科学研究者汤姆士指出："说话的能力是成名的捷径。它能使人显赫，鹤立鸡群。能言善辩的人，往往使人尊敬，受人爱戴，得人拥护。它使一个人的才学充分拓展，熠熠生辉，事半功倍，业绩卓著。"他甚至断言："发生在成功人物身上的奇迹，一半是由口才创造的。"

如今已不是"沉默是金"的年代

在今天这个充满竞争的时代，人人都会通过努力表现自己来为自己争取机会。面试时，需要用语言表现自己的优势；开会时，需要用语言表达自己的见解；人际交往中，需要用语言来为自己赢得人脉；商业谈判中，需要用语言为自己赢得成功……不管是哪一方面，都离不开"说话"。今天的时代，各个方面都离不开信息交流，人们对一个人的了解最主要的就是来自被了解者的语言，有高超的当众讲话水平就能体现一个人的知识水平、阅历经验等综合素质。一个沉默寡言的人，别人是不会在意，也无法了解的。

因此，生活在现代社会中的每一个人必须借助语言来体现自己。虽然说"沉默是金"自古以来就是被人们颂扬的品德，但是在今天，一个人如果只会死干事而完全不善言辞、笨嘴笨舌的，这样是不利于做好本职工作的。在现实生活中，适度的沉默可以，但一味地认为沉默是金的话，就有失偏颇了。不善言辞的人虽然可以用沉默来避免暴露自己的缺点，但是他只要一开口立刻就会露出破绽，所以，如果你想要获得成功就必须要培养自己说话的技巧。

一代宗师徐悲鸿，他人生中的机遇很多是用语言赢得的。1916 年 21 岁的他报考复旦大学，校长召见新生时，其优雅的谈吐给校长留下了深刻印象，认为徐悲鸿是可造之才，后给予诸多勉励与帮助。1920 年他留学法国时，在一次茶话会上被介绍给法国当时最大的画家达仰·布佛莱。久慕大名的徐悲鸿当即说道："先生！我很盼望能得到您的教诲。"一句话便让达仰感受到了这个中国青年的诚恳朴实，立即将自己画室的地址给了徐悲鸿，嘱咐他每星期天的早晨到自己的画室去。在第一个星期天，徐悲鸿去见达仰，同达仰谈起了自己的追求和信心，达仰了解了其天赋和抱负异常欢喜，竟忘记自己已 68 岁高龄而开心地同徐悲鸿谈起 50 余年来的往事。得益于达仰的慧眼，徐悲鸿终成一代大师。

很多年轻人，因为不善言辞，因此从来不敢在众人面前发表任何讲话，这样，他都不给别人了解他的机会，怎么能让别人知道他其实是一个有才华的人呢？也有很多年轻人，认为表现自己便是好出风头，于是他们选择默默无闻。一个人，如果不"现"出自己的才华，别人就不会了解你的能力，你也就不免产生"大材小用"或是"怀才不遇"的感愤。虽说是金子总会发光，但是在人才辈出的今天，你敢肯定你的光芒不会被别人掩盖吗？在今天这个社会，如果一个人还秉承"沉默是金"的原则，那么他的此生也很可能就默默无闻了。

语言是思想的外化，是必不可少的交际工具。我们要在这个世界上生活、建设和发展，就没有一天能离得开语言。因此，一味奉行"沉默是金"，乃是一种消极的人生状态，善于说话才是一种积极的人生态度。

一个人的成功离不开说话

古希腊著名的寓言大师伊索，相传他年轻时在某贵族家当过奴仆。有一次，主人设宴，来者多是哲学家。主人令伊索备办最好的酒菜待客，伊索却专门收集了各种动物的舌头，办了个"舌头宴"。开餐时，主人大吃一惊，问道："这是怎么回事？"伊索答道："您吩咐我为这些尊贵的客人办最好的菜，而舌头是引导各种学问的关键，对于这些哲学家来说，'舌头宴'不就是最好的菜吗？"客人听了，个个发出赞赏的笑声。主人吩咐伊索说："那我明天要再办一次酒席，菜要最坏的。"次日，开席上菜时，依然是舌头。主人见状，大发雷霆，斥问伊索缘由，伊索不慌不忙地回答："难道一切坏事不是从口中出来的吗？舌头不仅是最好的东西，同时也是最坏的东西啊！"主人听后，虽然恼羞不已，但也无话可驳。

虽然这则关于伊索的故事是否属实我们无从得知，但它所含的寓意却如真理一般——说话对人类来说具有无法估量的巨大作用。西方一位哲人曾经说过："世间有一种成就可以使人在短时间内完成伟业，并获得世人的认识，那就是讲话能够令人喜悦的能力。"由此可见，拥有一张善于言辞的嘴是多么重要。

在今天这个充满竞争的社会，一个人能否成功，不仅取决于他所掌握的知识、拥有的能力、做事的经验，同时还离不开说话的能力。生活在社会中，我们每天都要跟各种各样的人打交道。曾有学者估算过，一个人平均每天要说18000个词语。这么算起来，每个人每天要说很多话，而且越是能办事、越是办事多的人，说话肯定就越多。如果一个人想要在社会中有一番成就，就不仅要会做事，更要善于言辞。

纵观历史上众多的名人以及当今社会的成功人士，大多都是善于言辞之人。越来越多的人逐渐认识到：说话、演讲的能力已成为现代人必须具备的重要能力之一，更是创造型、开拓型人才的必备素质。因为现实生活中有很多有着优异才华的人，因缺乏说话方面的才能，更因为不懂得学习和锻炼，丧失了很多机会。因此，具备优秀的说话能力，是今日讲求竞争力的必备才能之一，是迈向成功的重要法宝。

一个人事业的成功与否离不开说话。善于言辞的可以获得别人的同情、帮助，与人合作，受到他人的赞赏。在现代社会，善于言辞能够让我们在任何场所、任何时候都备受瞩目，能够让我们时常处于优势地位，能够让我们在调整周围人际关系和经济关系的过程中更得心应手，心想事成。如今，善于言辞既是一种技艺，同时更是"闯天下"的本领。

善于言辞的人总是充满自信

不难发现，那些能在众人面前滔滔不绝地讲话的人，私下里也是一个充满自信的人。曾经有人做过一个调查，想搞清楚人们进行口才训练的原因和内心愿望是什么，调查的结果惊人的一致——大多数人的内心愿望与原因基本是一样的，他们是这样回答的："当人们要我站起来讲话时，我觉得很不自在，很害怕，使我不能清晰地思考，不能集中精力，不知道自己要说的是什么。所以我的最大愿望就是可以在公众面前自信、泰然地发表自己的观点，且逻辑清晰，内涵丰富，让人折服。"

虽然这两者之间没有必然的因果关系，但事实上有强烈自信心的人，一般来说都是能言善辩的人。因为良好的说话能力可以增强一个人的自信心，而一个人的谈吐又是自信的外在表现。

"人是善于言辞的动物。"在生活中，随时都会有让你讲话的时候，每个人的内心深处也都希望有展现自己、向大家发表观点、看法的机会。但是，有不少人总是带有很强的自卑感、信心不足。其实，信心和胆量是可以通过锻炼培养的。

我们每个人都想做一个出色的人，希望获得他人的好评，希望自己在他人心中树立高大的形象，而要想受人欢迎，必须先让人了解自己。适当地表现自己，会让自己充满信心和力量，这种力量又会促进我们更加地完善自己。

一个善于言辞的人，会因为自己良好的语言表达能力，总是能够备受瞩目，所以，总是可以在众人面前自信满满。虽然说，一个人要想充满自信，首先要对自己有信心，但是不得不承认的是，大多数人的信心都是来源于别人的肯定。这也就是为什么口才好的人总是能够充满自信，而那些不善言辞，口才不好的人难免自卑。

因此，如果一个人想让自己充满信心，首先可以通过加强自己的口才能力，让自己能在公众面前发表讲话，大胆表现自己，从而慢慢树立起自信。

好口才可以赢得更多的机遇

机遇对于一个人是否成功起着重要的作用。有时一次机遇，就可以改变一个人的人生轨迹。有句话说：机会面前人人平等。但事实上却并非如此。因为我们的生活中常常不乏这样的事情出现：一次不同的机遇造就了不一样的人生，从而拉开了人与人之间在生活、事业上的差异。但为什么有的人得到了机遇而有的人没有呢？有时就取决于一个人口才的好坏，一副好的口才可以让一个人赢得更多的机遇。

当今社会，是一个充满挑战和竞争的社会。俗话说"七分本事，三分机遇"。在竞争中，谁把握了机遇，谁就把握住了走向成功的密码。机遇稍纵即逝，能否抓住机遇非常重要。有句话叫"机会都是人自己创造的"。我们常常看到那些名人、成功人士，看似是被机遇垂青，在很大程度上其实是通过自己争取到的。我们时常幻想着机遇能从天而降，实际上让机遇主动找自己并不是天方夜谭，不少名人就是依靠自己优秀的口才，从一些细节入手，创造了不少常人看似"让机遇找自己"的神话。

有这样一个故事：某公司要招考一位打字员。初试圈定了两名，最后面试时再决定录用其中一人。这两人一位是华裔，一位是西班牙人。她们打字能力是：西班牙小姐每分钟可打 30 字，华裔小姐每分钟可打 70 字。但是，考完之后，这位传统的中国女子，安静地等在门外，而西班牙小姐却径直闯进经理的办公室。她声称自己打字技术一向快速准确，只是当时太紧张了，没考好，但是这份工作对她非常重要，她非得到不可。结果，西班牙小姐被录用了。而那位打字技巧高于西班牙人的华裔小姐却在胸有成竹地静候佳音中失去了机会。

很多有才华的年轻人之所以怀才不遇，感叹生活艰难、世事不公平，不在于他们的才华不为人所知，而在于他们不懂得如何表达自己，更在于他们没有稳定良好的人际关系。他们或内向，或自负，或木讷，或狂傲，不懂得如何与人沟通，不懂得如何与人建立联系，也不懂得如何靠人际关系来为自己获得帮助和成功。

机遇无处不在，善于言谈的人，可以借助口才的力量促成自己的事业，为社会多做贡献。而拙于言谈的人，往往会失去机遇，或将事情越办越糟，因而抱恨终生。所以，现代社会的种种机遇，要靠你的口才来开拓。

一个人的一生是否能够成功，和这个人的口才好坏有着很大的关系。如果能口若悬河，滔滔不绝，在气势上就可以赢得人们的一份尊敬，就能赢得比别人多一份的机会。的确，能够在交谈中把意思有效地表达出来的人，走到哪里都可以出人头地。他们不但可借口才引起旁人的重视，也比一般人拥有更多、更好的发展机会。

善于言辞是一种竞争力

现代社会是个竞争激烈的社会，拥有一副好的口才已经成为人才竞争的重要素质之一，它是人们取得成功的基石，是迈向成功的第一步。成功学大师戴尔·卡耐基说："一个人的成功，85%靠人际关系，人际关系的成功，85%靠沟通。"事实正是如此，在人的一生中，事业要取得成功，85%归因于与别人的沟通，15%是来源于自己的能力。

我国首次载人航天飞行成功之后，宇航员杨利伟便成了名人。他之所以成为首位进入太空的宇航员主要有三方面原因：他的心理素质好，语言表达能力强，说话有条理、有分寸。杨利伟认为，航天无小事，不管做什么事情，都尽最大努力做好，就连训练后的总结会、训练小结也是如此。在总结会上，杨利伟准备充分，积极发言，发言条理清晰，逻辑性强，态度从容。在最终确定三人为首飞候选人之时，三人各方面都十分优秀，难分高下，只是考虑到作为我国第一位进入太空的宇航员，要面对全世界的目光，接受新闻媒体采访，进行巡回演讲，才最后定下口才好的杨利伟。

由此可以看出，口才能在竞争中决定一个人的成败，是赢得胜利的资本。试想，如果杨利伟没有好口才，他可能就不能成为我国首位进入太空的宇航员。而在生活中，我们也常常遇到很多和别人竞争的时候，殊不知，善于言辞对我们来说同样重要。所以，我们不妨努力训练自己的口头表达能力，在汇报、演讲、发言等场合中着力表现自己，这样就能引起领导的注意，从而得到更多成功的机会。

　　三百六十行，行行都需要口才。在人类社会的生活中，一个人是否有好口才，是否善于言辞，成就与境遇必定会大不一样。现代社会里，那些表现得羞怯拘谨、笨嘴笨舌、老实巴交的人，总会处在交际困难的尴尬里；而那些能说会道，言语动人的人不论是做什么事，相对会很顺利，并更容易取得成功。

　　在日益激烈的就业竞争中，很多求职者都发现自己面临着这样的一个现实：工作经验，专业技能，不再是企业选拔人才的唯一标准。用人单位在选拔人才时，越来越重视求职者的综合素质，特别是良好的口才，即沟通表达能力。

　　"现在求职竞争太激烈，那些口才好，擅长表达的人，求职的成功率就高得多。"小王是从事文职工作的，这项工作她已经做了两三年了，而且她心思细腻、做事仔细。但是公司最近精简人员，因为自己的口头表达能力不好而被裁掉了。出来重新找工作的小王，发现那些公司宁愿要那些毫无工作经验的，但是特别能说会道的毕业生，都不愿选择有一定的从业经验的自己。让小王在求职竞争中无比受挫。

　　一般来说，在从事文职类工作中，其实对口才的要求相对不是那么高。但是小王却因此屡遭碰壁，那其他对口才要求比较高的工作，岂不是更需要口才好的求职者？

　　在我们今天的市场经济大潮中，现行的双向选择的就业时机要求我们：充分地发挥你的口才，就有可能得到一份好工作；否则，就会白白地失去良机，从而可能影响你一生的成就。总之，一个人要想成功，他可以没有资本，但是不可以没口才，良好的口才是一种竞争力。

人才离不开口才

在日常生活中，我们往往会看到这样的现象：某些人可能才能一般，但很善于辞令、口才一流，说话总是很有说服力，在工作中常常得到领导的重视；而某些人明明满腹才华，但因为不善于表达，不知怎样展现出自己，导致自己在工作中默默无闻。面对同样的一件事情，善于言辞的人和不善于言辞的人，即使才能相同，结果却可能完全不同。

不可否认的是，一个人即使再有才华，如果不善于表达自己，又有谁能知道他的才华呢？就像茶壶里煮饺子——倒不出来，不能不说是一大遗憾。如今，口才已经成为影响一个人生活及事业成败的重要因素。一个口才不好的人，无论处在哪一个社会层面，不论走到什么地方，都会处于比较弱势的一面。在人际交往中，不容易被别人接受；在工作中，得不到足够的器重和赏识；因此，一个人想要取得成功，光有才能是远远不行的。

有这样一句话："是人才者未必有口才，但有口才者一定是人才。"因为口才不光是口上之才，而是一个人的整体素质，尤其是心理素质、文化素质、外部素质和习惯素质的综合体现。有口才就意味着素质高、心态好、能力强，怎么不能说是人才呢？口才是现代智能型人才的基本素质，思维敏捷、能言善辩是事业成功的保证之一。

当年王光英到香港创办光大实业公司，他一下飞机，一位女记者以藐视的口吻，突然发问："你带了多少钱来？"王光英先是一惊，少顷，随机应变地回答："对女士不能问岁数，对男士不能问钱数。小姐，这是公认的吧，你说对吗？"在场的记者哈哈大笑。王光英机智的言辞不仅使自己摆脱了窘况，而且给人留下了良好的印象，等于给他要办的公司做了一次不费分文而效果极佳的广告。有这样应付自如的企业家，不得不让人相信这家公司一定会"光大"起来。

所以说，一个能够成功的人，不仅要具有才华，更重要的，还得具有一副好的口才。一个人若是缺乏说话的能力，无论他有多么卓越的才能，仍然有可能无法在社会上生存。有才华却缺乏口才能力，就像未经打磨的钻石，永远无法闪耀出璀璨夺目的光芒。

会说话的人福从口出

我们每个人都不可避免地会遇到一些场合，需要我们说几句话。有时候，这几句如果说得好，说到关键之处，往往能够帮我们很大的忙，说不定人生因此而改变。

曾有这样一个故事：有一天，一个国王化装成一个普通人到民间去私访。他走进一条小巷子，听到一阵竖琴响声，就顺着琴声来到一家门前。国王推开了掩着的房门，向弹琴的人说道：

"晚安！你的兴致真是好呀！"

弹琴的人看到有人进来，赶紧站起来给国王让座，并请他吃东西，喝麦酒，说道：

"欢迎你，我是编筐的，一天编一只筐，既还债又得利息，养活了一家九口人，因而觉得十分快活。"

国王听了这些话感到很惊讶，因为一只筐子卖的钱只能买5斤大米，怎么能够还债还吃利息，养活九口人呢？于是问道：

"你到底是怎么营生的呀？欠债多吗？"

编筐的人微微一笑，说道：

"我的父母辛辛苦苦地把我养大，我得赡养他们，这是还债；我的五个孩子，现在是我养育他们，等到我老的时候，他们就得养活我，这是我付出的利息；我的父母与孩子一共是七个人，再加上妻子和我，我不正是养活着一家九口人吗？"

国王听了哈哈大笑起来，觉得这个编筐人说话真有意思。编筐的人这时一眼看见他胸前有个王牌，才知道面前原来是国王，不禁大吃一惊。

国王见了，说道：

"你不用害怕，我不会伤害你的。只是你刚才讲的趣话，除非当着我的面，否则你不许告诉任何人，不然的话，你就得小心你的脑袋了。"编筐人答应了。第二天，国王把他的十二位大臣一齐召到面前，说道："你们之中如果有谁能够在三天之内回答我的这个问题，谁就是最聪慧过人的，就有资格做我的宰相。这个问题是：有人一天编一只筐，既还债又得利息，还养活了一家九口人，这是什么意思？"

十二个大臣听了国王的话，面面相觑，不得其解。经过一番苦思冥想，他们一致断定，这话绝对不可能是国王想出来的，一定是在外面听到的。于是这十二个大臣分头走遍大街小巷去寻根究底，最后终于找到了那个编筐人。编筐人也承认这话是他说的，但是这些话究竟是什么意思，编筐人却怎么也不肯讲出来。

大臣们心急火燎，一心想从这个编筐人的嘴里掏出谜底，于是，他们先拿出十镑硬币，然后成倍地增加，后来竟拿出一百镑，可是编筐人还是摇头不肯讲。最后，大臣们拿出了一千镑硬币。

编筐人望着这么多闪闪发光的硬币，心想：好家伙，有了这些钱，不愁全家老少没有好日子过了，即便杀头我也甘愿。

于是，他就收下了这些钱，然后把那些话的意思讲给了大臣们听。

大臣们如获至宝，纷纷争着向国王回答这个问题。

国王想道：他们怎么一下子都变得聪明起来了，不可能！一定是编筐人告诉他们的。于是，他急忙把编筐人招来，愤怒地问道：

"我已经对你说过，你讲的话，除非当我的面，不许告诉任何人。不然，就砍下你的脑袋，你怎么对他们讲了？来人呀！把他拉出去砍了！"

没想到，编筐人却不慌不忙地说道：

"国王陛下，祝你长寿，你是嘱咐过我的，我也没有失信呀！我是当你的面说的啊！我不仅一次当你的面，而且是一千次当你的面说的哩！"

他把一千镑硬币掏出来，指着硬币上面国王的头像说道：

"陛下请看，这不是你吗？我当着您的面，一次，两次，三次……整整见了你一千次面，才把那些话的意思告诉给他们的呀！"

国王听到这样的解释非但没有生气，反而高兴极了，对编筐人大加赞赏，不仅免去了他的死刑，还宣布封他为宰相。并且把那十二个大臣的职务统统都解除了。

在这个故事中，编筐人凭借自己的智慧，用巧言妙语不仅为自己赢得了财富和官职，还拯救了自己的性命。虽然这只是一个故事，但是生活中常常也会有类似的事，也许一件很普通的小事，由于说话水平不同，所获得的效果和回报也大不相同。

在现实生活当中，有一些人具有一张烫金的文凭以及吃苦耐劳、任劳任怨的精神，在工作方面能力也较强，可是因为不善于言辞，或者是不会说别人爱听的话，结果总是让自己活在气喘吁吁的感觉之中；但是恰恰相反的是，有一些人没有文凭，工作能力也一般，但是一张嘴巧舌如簧，说出的话动听又有说服力，最终他们做什么事情都是顺顺利利的。因此，我们如果能够很好地运用我们的口才，为自己解决大大小小的问题，对于我们的生活，工作都有很大的益处。

谈吐是一个人的外在气质

英国著名的思想家本·琼森曾经说过这样的一句话：谈吐是一个人的最好特征。换句话说，我们每个人的谈吐，就是我们自身形象的展示。谈吐不仅是我们自身形象的展示，还是我们与别人沟通交流的重要媒介。因此，我们要树立美好的形象，与他人实现和谐的沟通，就必须注意我们的谈吐，说出得体的话语，从而在人际交往中受到别人的欢迎。

很多人都没有意识到这一点：在一个人说话的背后，是能够体现这个人全部的品格、修养、才学以及城府。哈佛大学曾经的校长伊立特说过："在造就一个有教养的人的教育中，有一种训练是必不可少的，那就是，优美而文雅的谈吐。"言语是思想的衣裳，在粗俗和优美的措辞中，展现出不同的品格，在不知不觉、有意无意间给别人留下了好或不好的形象。

有关研究表明，在劝说人时，其效果只有8%与内容有关，42%与仪容有关，而50%却与言谈有关。不管哪一种职业，都要与人建立职业关系。在各种不同的场合，针对形形色色、个性心理迥异的人，都需要能够做到用语恰当、谈吐得体、不亢不卑、不愠不火，这样，良好的口才不但可以显示一个人得体的外在气质，也能够很好地显示个人的素质修养。甚至在求职招聘的时候，具备优秀谈吐的人往往最受招聘者们青睐，自然，得体的谈吐也能够为你的面试增加好的印象分。

某省的一家知名的外贸公司因为需要进一步拓展业务，就决定面向社会公开招聘10名业务管理人员。招聘广告登出以后，人才招聘处便被里三层外三层地围了个水泄不通……应聘人数竟高达数百人。经过笔试和面试两道关卡之后，最后筛选出 20 人。这筛选出来的 20 位应聘者个个都很优秀。论写，无论是中文还是外文，都是无懈可击；论讲，个个都有问必答，应对如流，滔滔不绝，难分胜负。对于这些人才，该公司一时之间感到难以割舍，对于最终的人选定决颇感踌躇。最后，公司发出话来：请应聘者第二天到公司门口看榜。同时，为了感谢应聘者对公司的厚爱，晚上将在某酒家设宴招待以示谢忱。事实上，该公司是打算通过这次酒宴对应聘者再次进行筛选，从而确定最终的人选。

宴会在热烈的气氛中进行。该公司的几个部门的总经理坐在应聘者中间，相互频频举杯，互作酬答，你来我往，笑语欢声不断。这次酒宴，公司的标准是"醉翁之意不在酒"，在于人才之间也；其目的是煮酒论英雄。该公司认为：笔试和面试只是反映了应聘者的专业知识和部分素质，并不能够反映出一个人的综合素质。因为应聘者都是有备而来，并且都分外的警觉，所以，有些缺点不可能暴露出来。而在气氛热烈的酒宴上，一些应聘者认为大局已定，思想不再设防，于是，一个真正的"自我"便展现在了招聘者的面前：

在宴会上，有的应聘者因为担心自己不会被公司录用，于是就显得沉默寡言，郁郁寡欢。这些应聘者性格过于内向，缺少一定的交际能力，不适合从事外贸工作。有的应聘者自我感觉良好，这些人业务上确实高人一筹，并且在面试的时候也颇具有绅士风度，似乎是很完美。但是，在酒宴上，他们的"庐山真面目"就一览无余：谈笑间无所顾忌，有失风度；有的应聘者更是出言不凡："××经理，你只要录用我，两年之内，我保证给你赚几十万。"这种人总是喜欢说大话，看似是有胆有识的人，其实只不过是言过其实，给人以一种有些狂妄的感觉……可想而知，上述的这些应聘者最终落选了，而那些自始至终言谈表现得体、大方的人胜出了。

　　有些人的谈吐，让你耳目一新，由衷赞叹，不服不行；有些人的谈吐，让你不知所云，实在提不起兴趣，真的不想多看；比如幽默与笑话，有人讲起来，会让你从心里笑出，回味绵长，过目不忘；有人讲起来，会让你哑然失笑，但一笑了之；有人讲起来，你只能苦笑。所以，如果我们想要在人际交往中给别人留下好印象，就要注意养成良好的谈吐。优良的谈吐加上得体的语言，即使是简单的内容，也能打动别人。

第二章
怎么说，别人才愿意听

    通常情况下，我们在不了解一个人的时候，总是习惯通过对方的言谈举止来判断这是怎样的一个人。因为很多情况下，一个人的言谈举止可以表现出一个人的个人修养和综合能力。有些人善言健谈，说话大方有礼，自然就会让人觉得是修养好的人；而有些人言语粗俗、聒聒噪噪，这样的人，只会给人留下没礼貌、不靠谱的印象。所以，想要成为一个被人称赞、值得别人信任的人，首先从说话开始做起。

注意礼节是谈话的基本

孔子说过："言之不文，行之不远。"意思是一个人的言谈举止若是不到位，是很难在人际交往上走得长远的。对于个人的言谈举止来说，文明礼貌是首要前提。在交谈中要体现出一个人良好的谈吐，首先就要使用礼貌用语，还要有一定的敬意、友善、得体的气度和风范。

虽然说礼节是对人们谈吐的一个最基本的要求，但是有很多人却不知道具体要从哪些方面入手，其实只要做到以下几点就足够了：

1. 保持谦逊和气的说话态度

与人交谈的时候，应力求做到说话的态度谦逊和气，热情诚恳，表情自然大方，既不卑躬屈膝，也不趾高气扬，自然一些。

2. 保持温和适宜的说话语调

在说话的时候，要用平等的口吻与别人交谈，不要因为自己职位比较高或名气比较大，就摆出一副盛气凌人、粗暴生硬的样子，这样不仅有失身份，更会让人感到反感。

3. 保持专注的说话神情

神情专注是指一个人在与人交谈的时候，要耐心地倾听对方的讲话，不要轻易打断别人的话，或一副心不在焉的样子。要注意给别人留出足够的说话机会，不要只顾自己滔滔不绝地讲个不停，别人一句话也插不上来，这是对别人的一种尊重。古希腊著名哲学家苏格拉底的故事也许能够加深我们对这一问题的理解。

4. 保持文雅的说话内容

说话内容文雅就是指，在与人交谈的时候不说粗话、脏话，多说礼貌用语，不要"出口成脏"。文明礼貌规则是我们与他人实现和谐沟通的最基本条件。如果我们说话不遵循这一规则，就不能与他人进行和谐的沟通。例如：

有个小伙子要到某个村庄去，走到一个路口的时候不知道还要走多远。这时，他见路旁有个老农在锄地，便直着脖子朝他喊："喂！老头，到某某庄还有多远？"老农抬起头，回答他说："走大路一万丈，走小路七八千里。"小伙子一听，感到很奇怪："怎么你这儿论丈不论里？"老农笑着说："要论理（礼）你该叫我什么？"小伙子恍然大悟，连忙道歉。显然，面对这位小伙子的不懂礼貌，老者对他进行了委婉的批评。

注重礼节的人，即使不善于言辞，也能表现出自己良好的素养，使人愿意和他交谈，并且能广结人缘，处处受欢迎。许多人说话的本领不是很高明，是因为他们不曾把礼节作为谈话的基本，只顾自己说得痛快，不考虑别人的感受，这样的人，即使再会说，也不见得有人欣赏。殊不知，一场好的谈话，不仅是谈话的内容很重要，谈话的方式、礼节也不可忽略。

不要打断别人说话

随意打断别人的话，看起来虽然是一件很平常的事，甚至很多时候还是无心的行为。但是，这种行为在人际交往中却是非常关键的因素，想要让自己的人际关系和谐的人都应该注意这一点。在古犹太人的《贤人七德箴言》中，有一条就是"不打断别人的话"！

在社交场上，你时常可以看到你的一个朋友和另外一个不认识的人聊得起劲儿，此时，你可能就会有加入进去的想法。但是因为你不知道他们的话题是什么，而你的突然加入，可能会令他们觉得不自然，也许因此话题就接不下去了。更糟的是，也许他们正在进行着一项重大的谈判，却由于你的加入使他无法再集中思想而无意中失去了这笔交易；或许他们正在热烈讨论，苦苦思索解决一个难题，正当这个关键时刻，也许由于你的插话，导致对他们有利的解决办法告吹，到后来场面气氛就会转为尴尬而无法收拾。此时，大家一定会觉得你没有礼貌，进而对你就会产生糟糕的印象，甚至你的人缘也开始变得不好。因为，假设一个人正讲得兴致勃勃时，突然有你突然插嘴："这是你在昨天看到的事吧？"说话的那个人因为你打断他说话，绝对不会对你有好感，甚至周围的其他人也会对你产生厌恶。

当别人说到一些事情的时候，可能会出现一些错误，你也不要为了鸡毛蒜皮的小事情来打断别人的话题，要知道我们自己在说话的时候如果被别人打断，我们的心情一定也很不好，所以你打断别人的话，他也会有这样的感觉。

培根曾说："打断别人，乱插嘴的人，甚至比发言者更令人讨厌。"打断别人说话是一种最无礼的行为。每个人都会有情不自禁地想表达自己想法的愿望，但如果不去了解别人的感受，不分场合与时机，就去打断别人说话或抢接别人的话头，这样会扰乱别人的思路，引起对方的不快，也是对他人的不够尊重。对你自己来说，只会让别人看到你不好的一面，一颗自以为是的心，一颗不能体恤他人的心和一颗浮躁之心，如果这样久了以后，对自己的损害将是很大的。

有一个老板正与几个客户谈生意。谈得差不多的时候，老板的一位朋友来了。这位朋友插进来了，说："哇，我刚才在大街上看了一个大热闹……"接着就说开了。老板示意他不要说，而他却说得津津有味。客户见谈生意的话题被打乱，就对老板说："你先跟你的朋友谈吧，我们改天再来。"客户说完就走了。老板的这位朋友乱插话，搅了老板的一笔大生意，让老板很是恼火。从此，老板和这个朋友的关系就渐渐疏远了。

随便打断别人说话或中途插话，是有失礼貌的行为，但有些人却存在着这样的陋习，结果往往在不经意之间就破坏了自己的人际关系。再者，当事情还没听到结局便急于发表见解，所发表的看法也未必正确，而总想表达自己的观点，反而不能耐下心来把事情听清楚，或是不能真正把道理听懂，这样说来，不管是在为人处世，或是在自身的修养，都是很有妨碍的。凡事，真的应在微小处就注意，能够时时提醒自己尊重他人，哪怕是插话这么一件小事。要获得好人缘，要想让别人喜欢你，接纳你，就必须根除随便打断别人说话的陋习，在别人说话时千万不要插嘴。

怎么插话才不失礼

　　虽然在别人讲话时，插话是一种十分不礼貌的行为，但如果有必要表明自己的意见，非要打断讲话，那么我们就必须十分注意自己的插话技巧。

　　在交谈中，每个人都有发言权，但不等别人把话说完就随意插话，打断对方，这样不仅是没礼貌的行为，而且还会搅乱别人的兴致，阻碍别人的思想，引起他人的反感。所以，如果你想加入他们之间交谈的话题，则可以找个适当的机会，礼貌地说："对不起，我可以加入你们的谈话吗?"或者，大方客气地打招呼，叫自己熟悉的人互相介绍一下，就能很快打破生疏的感觉。这是给人留下良好印象的有效方式之一。

　　其次，如果你要加入别人的交谈，先要弄清楚别人究竟在说什么。许多人没有给人留下良好印象，就是因为他们不注意听别人讲话，也没弄懂别人在讲什么就随便发表自己的观点，结果把大家都弄得很尴尬。通常情况下，善于言辞的人，在别人说话的时候，会很注意地倾听，然后适时地提出自己的意见。

　　在一家大公司里，有 A 和 B 两位中层主管。其中 A 反应灵敏、能言善道同时还喜欢抢先发言、言辞锋利，甚至咄咄逼人，因为他的这种个性，所以常常喜欢打断别人的话，有时候还会因为打断别人的话而误解他人的意思。

　　与 A 不同，B 从不抢先发言，眼神总是专注地看着说话的人，并且用心地聆听着。不管这人是他的上司还是他的下属，他总是在耐心地倾听之后，再予以回应，而且回应的时候往往是非常平和、理性的，甚至是一针见血地发表自己的观点。

年底，公司进行优秀主管评选时，大家一致将票投给了 B。一段时间之后，当公司里有一个比较高的职位空缺时，董事会也一致选择了 B。

可见，正确的插话方式不但不会给人留下不礼貌的印象，还能够在谈话中把自己的话插到"正题"之中，得到众人一致的欣赏。

交谈过程中，如果我们想补充另一方的谈话，或者联想到与谈话有关的情况，想即刻做出说明。这时，可以对讲话者说："请允许我补充一点"，或者说："我插一句。"然后，说出自己的意见。这样的插话不宜过多，以免扰乱对方的思想。

当我们要找交谈者中的某一人处理事情时，可以先给对方一些小动作的暗示，对方一般会找机会和我们讲话。我们也可先向他们打个招呼："很对不起，打断你们一下。"当他们停止交谈时，即用尽可能简洁的语言说明来意，一旦事情处理完毕，立即离开现场。

我们要做有礼貌的人，不管在什么场合，听话说话对于我们都很重要。在交际场上，很多人人际沟通失败的原因，不是失败在他应该说什么，而是在于他没有选择合适的时候发言。

不要冷落在场的人

对于很多人来说，常常参加各种各样的聚会是再正常不过的事了。但是，聚会遇到不愉快的事却是少有的，但却无可避免，不知道你是不是也经历过：

——只见对面的人咬耳朵，你好奇，却使劲儿竖直耳朵也听不清。更让你郁闷的人，咬耳朵的人还转头看来你一眼，你就更疑心了。

——当你正想和一个朋友去交谈的时候，发现他和身旁的人正有说有笑，甚至连你想加入的意愿也没有看出来。

——几个朋友在一起聚会，其中两个自顾自地聊了起来，旁边的人干瞪着眼，那两人还在那里聊得不亦乐乎。

这种情况我们很多人都会遇到，当然，作为聊的人可能感觉不到什么，但是作为被冷在一边的人，估计感受就多了，而且都是不愉快的感受。当一群人聚在一起，如果其中的两人或几人在那里聊得火热，那些被冷落在一旁的人，只会觉得自己是被大家忽略、遗忘的，小则情绪低落，大则心灵受伤。遇到这种情况，你应该马上将声音加大，把冷在一旁的人拉进谈话圈。再不然，你就应该立刻"解散小团体"，转身"顾全大局"。谈话现场超过三人时，不要只与一两个人说话，不理会在场的其他人，也不要与个别人只谈你们两个人知道的事而冷落第三者，应不时地与在场的所有人攀谈几句。如果你真的只想与其中的一人谈论某个不便让旁人知道的话题，应该等此次聚会散了，另找时间。

很多人在一起的时候，当你与其中某个人交谈，无视其他人的存在，这是一种不顾全大局的行为。那些被忽视的人会觉得你是在排斥他们，甚至对你产生敌意。谈话中无视他人就如你宴请宾客时漏掉一位来客一样令人不可思议。如果不多加留心，很多人都容易忽略坐在角落沉静不言的人，而滔滔不绝地对着某些听众说下去。在任何一种公共谈话场合，每个人都希望有谈话的机会，期望被人注目和重视，而不是遭到冷遇。不知你是否尝过被人冷落的滋味，但你要注意，不要冷落他人。

当一群人在一起聊天的时候，如果你是那个发起讲话的人，最好是用一个话题唤起大家的兴趣，让每个人都有机会发表自己的意见。同时，在你讲话时，尽量转移一下自己的视线，不要仅盯着一两个人说话，即使你交谈的对象只是一两个人，但如果周围还有更多的人，你也可以边说边用眼神与其他人进行交流，表示你已经注意到他们的存在。

我们在与多数人见面时，多半只会注意到一群人中的主体，而忽略了其他的人。也许我们通常都没有想到，如果得不到陪客的支持，事情同样也不会得到圆满的解决。特别是那些一般的生意洽谈，握有决定权的通常不是业务代表而是负责监督的人。因此，如果你忽略了处于陪同地位的监督人员，只顾和业务代表谈论，也许会使即将成功的交易再度破裂。

因此，当我们与许多人交谈时，切莫忽视了在座的每一个人，若有一个人因被你忽略而觉得受了冷落，并由此对你产生不满，过后，他至少会让所有的人都对你产生不满。所以说话更应顾及所有的对象。

不同的语气会有不同的意思

当一个人自己说话的时候，总是无法意识到说话的语气意味着什么。但是，听别人说话就能深刻地感受到一个人说话的语气到底有多重要。比如，我们有时会打电话去某个公司咨询，接电话的人只答了一个"喂"，你就觉得对方好亲切，好有教养；当我们被别人请教问题的时候，我们可能从他（她）的语气中就可以听出，他（她）到底是想虚心求教还是带有些傲慢和不甘……所以，一个人说话的语气、声音往往会给听者带来不同的信息。

俗话说得好："一句话把人说笑，也能把人说恼。"那些能把人说笑的话，通常都是用轻柔的语气说出来的。自古以来，中国就有"以礼待人"的传统，这种以礼待人首先就是通过语气表达出来的。

现在的年轻人，说起话总是只管自己高兴不高兴，想到什么就脱口而出，从未注意过语气。殊不知，语气也可以反映出一个人的内心，如果不注意把握自己说话的语气，你可能就在不知不觉中得罪了一堆人。现实生活中，很多人遇到一些问题，因为心急，因为年轻好胜，因为不懂说话的艺术技巧，说话时摆出一副不屑或者傲慢的语气，于是矛盾产生了，后患埋伏下来，尤其是同事、朋友之间。遇到心胸开广的人，或一笑了之，或事后淡忘；但是，如果你遇到小气之人，那么，就有可能会让你很尴尬，因此而影响了你的人际关系，更严重的甚至会影响到你的前程。

小张在一家广告公司做销售，工作勤勤恳恳，为人也很不错，在同事中人缘很好。平时同事有事找他帮忙，他都乐意为之，即使帮不了他也会用委婉的语气拒绝道："实在不好意思啊，我自己的事情还没忙完，等忙完了再帮你，行吗？"同事也就笑笑说没事。

但是有一天，小张遇到一个很无礼的客户，于是心情很不好。这时刚好有一同事来找小张帮忙，小张没缓和过来，就不耐烦地说道："我自己的事情都忙不过来了，哪有空帮你啊！"同事听完讪讪地走开了。从那以后，这个同事跟小张的关系就渐渐疏远了。

同样的一件事情，同样的话，用不同的语气说出来，效果往往会大相径庭。所以，在说话的时候，就要注意自己的语气，不要给人一种傲慢的感觉。一个人说话的语气往往可以反映其内心的想法。语气傲慢者使人反感，语气谦和者使人喜欢。语气是有声语言的最重要的表达技巧。抓住时机，恰到好处，运用适当的语气才能够产生正确的效果。

只有掌握了丰富、贴切的语气，才能使我们的思想感情处于运动状态，不时对听者产生正效应，从而赢得交际的成功。所以说，说话的语气是很重要的，不论在什么样的场合，我们说话都一定要注意自己的语气，恰到好处的语气可以显示出我们的礼貌，同时可以得到更多人的欣赏，从而使自己拥有良好的人际关系。

说话要说到点子上

有人说，话不在多，点到就行。意思是不管你怎么说，说多说少，一定要把话说到点子上，说到别人的心窝里。说话说到点子上，是善于言辞的一个重要手段。

说话是否精彩不在于长短，而在于是否抓住了关键。

古人云："山不在高，有仙则名；水不在深，有龙则灵。"说话也是如此，话不在多，点到就行。在生活节奏紧张快速的现代社会中，没有人愿意花费大量的时间去听你的长篇大论。这就要求你在谈话时要做到言简意赅，一针见血。

说话要说到点子上，就是简洁而切中要害，要能使人愉快和易于接受。交流思想、介绍情况、陈述观点时，为了能够使对方更快地了解自己的意图，往往要用高度凝练的语言。

在生活中，我们经常看到一些人喋喋不休、滔滔不绝地高谈阔论，而又词不达意、语无伦次，让人听而生厌；还有些人喜欢夸大其词，侃侃而谈，说话不留余地，也没有分寸。这样的说话，表面看起来好像是能说会道，其实结果恰恰相反，非但没给人留下好印象，反倒说的话都是画蛇添足。因此，我们在开口之前，应先让话在脑子里转个圈，把多余的话过滤掉，准备一些简单明了的话，一开口就往点子上说，千万不要东拉西扯，不知所云。

话要怎样才能说到点子上呢？在这里有几条建议可以作为参考：

1. 说话要因人而异

一个人说话要懂得拿捏好分寸才会受欢迎，要能够根据不同的情况、不同的地点、不同的人物来进行沟通。简单的理解就是，要因人而异，根据不同的场合选择不同的表达方式。

战国时期著名的纵横家鬼谷子曾经精辟地总结出与各种各样的人的交谈方式：和聪明的说话，要见识广博；和见闻广博的人说话，要有辨析能力；与地位高的人说话，态度要轩昂；与有钱的人说话，要豪爽而不自卑；与穷人说话，要动之以情；与地位低下的人说话，要谦逊有礼；与好斗的人说话，要态度谦逊；与勇敢的人说话，不能稍显怯懦；与愚笨的人说话，可以锋芒毕露；与上司说话，须用奇特的事打动他；与下属说话，要用切身利益说服他。

2. 切莫"哪壶不开提哪壶"

俗话说"花钱要花在刀刃上，敲鼓要敲到点子上"，说话同样也是如此，需要洞察对方心理，了解对方的心理需求，切莫"哪壶不开提哪壶"。

有这样一个故事：一位老人问另一位老人多大岁数了。对方不愿意如实相告，就打哈哈说自己也记不清了。问者却不知趣，也不知是反应迟钝还是什么，依然"执迷不悟"，穷追不舍地又问人家属相是什么？对方无奈，说出属相。问者竟认真地用手指掐算起来，并且说："七十三岁了，门槛，当心啊。"真是哪壶不开提哪壶，被问者听了十分生气。

所以说，我们尽量不要提及和打听这些人家忌讳的事情或隐私。也就是说，和别人说话，也要注意有所顾忌：不该说的不说，不该问的不问。

3. 学会察言观色

大多数人心里的想法都会不经意间表现在脸上。虽然也有些人喜欢掩藏自己的心思或者不擅表达自己的情绪，但是稍加观察都可以发现一些端倪。

言谈能告诉你一个人的地位、性格、品质以及流露内心情绪，因此善听弦外之音是"察言"的关键所在。如果说观色犹如察看天气，那么看一个人的脸色犹如"看云识天气"般，有很深的学问，因为不是所有人、所有时间和场所都能喜怒形于色，相反是"笑在脸上，哭在心里"。

从某种程度上来说，能言善辩比会做事更实际、更为人们迫切需要。话要说到点子上，才能起到关键性的作用。因此，你要善于总结自己的观点，不妨在开口之前，先让舌头在嘴里转个圈，把多余的话滤掉，做到一语击中。

话出口前先经大脑过一遍

谈话中出现失误或错误虽然是常有的事，但是这种错误很多时候都可以避免。几乎所有在谈话中出现的失误或错误，都是由于说话不经大脑造成的。现在有很多人说话，都是不经大脑思考就直接脱口而出了，从来也不想想这样的话是否能说，这样的说法是否合适，还美其名曰"有话直说"是一个人坦率的表现。

但实际生活中，想说但不能说、想说却不该说的话是存在的，倘若你一时冲动将这些不能、不该说的话说了出去，有时候是会坏大事的。有的人可能认为说话欠考虑伤害到他人，日后只要解释一番就可以化解误会。殊不知，说话欠考虑后果是非常严重的。话既已出口，就无法收回来，造成的伤害也是不可弥补的。

所以，在日常交际中，每说一句话之前，都要考虑一下你要说的话是否合适，不要肆无忌惮地想到什么就说什么。中国有句古话叫：三思而后行。意思是说，在做事之前一定要经过仔细的思考再决定。其实不仅做事如此，说话之前也必须进行三思，如此才能确保说出口的话是否合适。

那么，说话之前需要进行怎样的思考呢？很简单，思考一下对方的身份，思考一下所在的场合，思考一下说的话是否适宜，思考一下是否会令别人觉得难堪……要时刻提醒自己说话时一定要尊重对方，要讲究语言美，而不要自以为是，盲目自大；应以诚待人，言语中不要评论他人的是是非非，当谈及他人的隐私时，要及时地予以回避，千万不要刻意地打探他人的隐私。总之，要确保自己所说的每句话都是得体的。要知道，说出去的话就像泼出去的水，一旦说出口，就再也收不回来了，如果对别人造成了伤害或是导致了不可弥补的局面，那么想要收回可就难了。

民间有句俗语"病从口入，祸从口出"。这句话警告人们——张嘴吃东西就可能进入细菌病毒；张嘴说话就可能招来祸患，因此，嘴巴可以说是人类灾祸的"根源"。不假思索、口若悬河般说话时，有可能在不知不觉间已经激起周围人的不快和愤怒。当你想说什么话之前，先想一想，这些话，真的有必要说吗？

阿里巴巴的创始人马云曾经说过一句话："傻瓜用嘴说话，聪明人用脑说话，智慧人用心说话。"意思是说，只用嘴巴、不用脑子所说出来的话是傻话，而聪明的人则经过大脑考虑，用心说话则又上了一个层次。

毋庸置疑，良好的沟通是一门交际艺术，有时候，善于言辞并不是说了多少话，而是说对了多少话。所以，我们在说话前一定要考虑到和对方交流的方式和分寸：话到嘴边留三分，做人才能得十分。

说话的过程注意停顿

人们常常以为一个说话总是滔滔不绝的人，就是一个善于言辞的人。而生活中，有些人也常常以自己说话"滔滔不绝"为荣。殊不知，许多自我感觉良好的人，像"机关枪"一样的表达方式其实让很多人都无法忍受。滔滔不绝地"演讲"，即便刚开始让听者精神为之一振，但次数增加、时间增加，就悄然质变了。

人们在说话时肯定都需要停顿的，不可能一直说个不停。因此，说话的时候一定要学会停顿，尤其是在关键的时候，停顿往往能够给人带来意想不到的收获。

俄国早期的马克思主义者普列汉诺夫有一次在日内瓦进行演讲，题目为《无产阶级和农民》，当时会场中有人蓄意搞破坏，将场内的秩序搞得十分混乱，基本上没有人在认真听演讲。面对这种情况，普列汉诺夫并没有慌乱，只是沉着冷静地大声地说："假如我们也想通过这种方式来同你们斗争，那么我们来的时候就会……"说到这里，他故意停顿了下来，场内的秩序也突然安静了下来，所有人都看着普列汉诺夫，想知道他接下来会说什么。普列汉诺夫说道："那么我们来的时候就会带着冷若冰霜的美女！"这句话一出口，会场上便轰动了起来，演讲也得以继续下去。

为什么一个小小的停顿，就可以带来如此大的轰动效应呢？其实只是因为这个停顿唤起了听众的注意力和好奇心，他们十分期待停顿后面的话究竟是什么，于是他们的无意注意便转化成了有意注意。

不管是在生活中还是在工作中，当面沟通还是电话交流，对上还是对下，我们在对话时，一定要懂得停顿，适时适度地停顿。停顿不仅仅是为了言者让"休息喘气"，更是一种礼貌的表现，是对听者极大的尊重。更重要的是能让听者插话，让听者参与进来，产生互动，从而达到真正沟通的效果。同时对于言者可以更好地厘清思绪，偏离的方向可以拉回，错的东西可以及时补救，后面的言语可以更加井然有序。

"您好，是王总吗？我是某某公司的业务经理，今天给您打电话是为了向您推荐一下我们公司新出的产品，这是我们最新研发出来的，希望您……"在日常工作中，这种说话的方式是不是经常听到？这就是典型的不懂得停顿的表现。通常情况下，这样的谈话方式也会遭遇无情的拒绝，对方甚至可能不等你说话便挂掉电话或者你噼里啪啦地讲完，对方会说一句"啊？你刚才说什么"。此时的你，或许还会感到郁闷，明明已经说得够详细的，为什么对方却完全不为所动呢？学会停顿，情况就会有所改观。

那么，究竟该如何停顿呢？当你说完"您好，是王总吗"，接下来要做的就是闭嘴，等待对方问一句"您好，请问您是哪位"，也许很多人都觉得这样做没有实质性的意义，但其实并非如此，简单的一个停顿就改变了对方的节奏，这时候他会更加认真地听你接下来会讲什么，也就增加了沟通的成效，不论你是要预约拜访或者推销东西，成功的概率也就大大提高了。假如你滔滔不绝地讲下去，很容易会使别人产生急促感，思维转不过来弯，也就对你所讲的话"不知所云"了。

停顿的含义非常丰富，它既可以表示深思熟虑，又可以引起听者的注意，还可以给自己留下思考的空间……总之，不同场合的停顿，能够为说话的人带来不同的效果。

在什么"地儿"说什么话

俗话说，到什么山头唱什么歌，说的就是说话要看场合。说到谈话的场合，在不该开口的时候，要做到少说话并适当地缄默；在该说的时候，就要注意所说的内容、意义、措辞、声音和姿势，要注意在什么场合说什么话。无论是探讨学问、接洽生意还是交际应酬、娱乐消遣，我们要尽量使自己说出来的话重点突出、具体而生动。有时候某些人的谈话虽然没有错误，但是因为不符合场合，造成了不好的后果。

曾经有报载，葡萄牙的环境部部长，只因不看场合说了句玩笑话而丢掉了乌纱帽。事情是这样的：

葡萄牙的阿连特加地区的水中含铝超标，已经致使 16 个人因脑受损医治无效而先后死去，医院里还有些同样的病人处于危险状态。政府决定彻底查清原因，采取防治措施。为此，环境部、卫生部的负责人、专家们和有关的医生们在米纽大学举行讨论会。会后休息时，环境部部长指着医院的几个医生对大家开玩笑说："你们知道他们和阿连特加地区最近死去的那些人有什么关系吗？他们可以将那些人弄到回收工厂，从那些人的肾脏中回收铝。"

这当然是说笑话，怎么可能从人体中回收铝呢？但是，在这样不幸且令人焦灼不安的时刻和场合开这样的玩笑，实在是不应该。因此，这位环境部部长事后做了声明道歉，并引咎辞职。

大家都熟悉的《红楼梦》里的王熙凤，就是一个善于言辞的典范。她不光会说好听的话，更重要的是，她总能把握住场合说话。

在《红楼梦》第三回，林黛玉丧母后进京城，小心翼翼地初登荣国府时，王熙凤的几段话就展现了她"善于言辞"的超凡才能。人未到，却先闻其笑，听其声："我来迟了，不曾迎接远客！"尚未出场，就给人以热情的感觉。

随后王熙凤拉过黛玉的手，上下细细打量了一会儿，仍送至贾母身边坐下，笑着说："天下竟有这样标致的人儿，我今儿算见了！况且这通身的气派，竟不像老祖宗的外孙女儿，竟是个嫡亲的孙女儿，怨不得老祖宗天天口头心头一时不忘。只可怜我这妹妹这样命苦，怎么姑妈偏就去世了！"一席话，既让老祖宗悲中含喜，心里舒坦，又叫林妹妹情动于衷，感激涕零。而当贾母半嗔半怪说不该再让她伤心时，王熙凤话头一转，又说："正是呢！我一见了妹妹，一心都在她身上了，又是喜欢，又是伤心，竟忘了老祖宗。该打，该打！"

在现代社会里，仍然不乏这类"善于言辞"的人。他们通过这种巧妙的说话方式，赢得了周围人的赞赏。善于言辞的人之所以受人欢迎，是因为他能够看准场合说出应时应景的话。而作为一名想要处处受人欢迎的人，也需要学习凤姐这种本领。除了看清说话对象，根据说话对象的不同情况来确定自己说话的方向，同时还要注意观察说话的场景，避免说出不合时宜的话来。

说话要顾及场合。否则，再好的话题，再优美的话语也收不到好的效果，有时甚至会适得其反。试想，在跟朋友谈心时，像做报告那样拿腔拿调，在悲哀、肃穆的葬礼仪式上讲话，像相声演员那样通篇幽默之语，将会产生怎样的后果？所以"话随境迁"的艺术首先要强调的就是说话要看场合。

让"忠言"不再逆耳

很多时候，我们对家人、朋友、上司等等，觉得有许多话不得不说。明知道这些话说出口，必定让人不爱听，但是我们本着为了对方好，"良药苦口，忠言逆耳"，硬是把那些犀利、尖刻的话语说出了口。结果呢，非但没有得到对方的感激，反倒让彼此的关系变得糟糕。

我们常说"良药苦口利于病，忠言逆耳利于行"。其实，在向他人建议或者评价的时候，不一定都要用逆耳之言，也可以用顺耳之言。

据《列子》记载：春秋时，晋文公重耳率大军攻打卫国。有些大臣知道这是很不明智的做法，却又不知该如何阻止这场战争。大臣公子锄没有上朝直言相劝，而是在行军的路上讲了一个有趣的故事：他的邻居在路上遇见一名采桑女，顿时起了爱慕之心。就在他暗暗打采桑女歪主意的时候，回头一看，却见一男子正在挑逗他的妻子，这可是他万万没有想到的。话虽然没有讲破，但公子锄所讲故事的喻义已经十分清楚了。你想去占卫国的便宜，也许人家正在打你的主意呢？晋文公恍然明白了公子锄的用意，于是掉头率军回国了。

果然，晋文公还没有回到晋国，别的国家已经开始攻打晋国的北部边境了。短短一则故事，几句话就消弭了一场战争，也保全了自己的国家。

如果公子锄直言进谏，势必会因为逆耳之言触犯晋文公。结果，非但不能阻止这场战争，若是惹怒了晋文公，恐怕公子锄连自身性命都难保。而他通过一个故事，曲折迂回地表明了自己的想法，让晋文公恍然大悟，自觉地停止了攻打卫国。由此可见，向他人提建议，主要是为了帮助对方改正缺点，避免失误，如果语言选择不当，出发点再好也不能达到目的。

在日常生活中，如果一个人遭到别人直言不讳的反对，而且还是尖锐的言辞，无论对方是好意还是恶意，恐怕都会让人难以接受，甚至会对对方产生敌意，进而导致反感、厌恶乃至愤怒的情绪。其实这只是一个人正常的反应。大多数人，平常都是听着顺耳的话，突然被人批评，还是如此逆耳，怎么会听得进去。然而，有些人对这个问题认识不足。他们觉得，只要主观愿望是为对方好，不管使用什么样的语言都可以。于是，有的不看场合，不顾对象，或铺天盖地，图一时痛快；或自恃有理，唇枪舌剑，弄得对方很难堪，结果事与愿违。

我们都有这种经历，我们并不是不愿意听别人批评，也不是不能接受批评。有时，我们还真希望有人来指点指点。我们看书请教别人，我们做事情、说话、写文章，自己不会或不敢下判断时，我们何尝不希望有人能出来告诉我们哪点好，哪点坏。有的时候，我们因为别人能够忠实地、大胆地指出我们许多错误而对他感激涕零，永世不忘。可是，有些批评我们听了却觉得难受、委屈和气愤，感到自尊心、自信心都大受打击。

逆耳的未必都是忠言，至少在听者看来。忠言，首先是建立在为了对方好，真心希望对方能够改正某个缺点或者劝说对方不要做出某个错误的决断，同时还要注意语言的表达是否能被对方所接受。你的忠言，只有被人听进耳，记入心，咀嚼得越透，领会得越深，别人才会觉得你说的是"忠言"。

让忠言不再逆耳，于人于己，都是大有益处的。提意见的目的是为了让听意见的人接受，然后加以改正。如果意见不能被接受，那就失去其意义了。所以，说话的首要任务是让对方接受，如果顺耳忠言更易被接纳，我们又何乐而不为呢？另外，人人都是有自尊心的，地位高的人对这种自尊心的维护就更明显一些。但无论什么人在被劈头盖脸臭骂时心情都不会好，虽然由于涵养不同而表现的方式不同，但大都会产生抵触情绪，又怎么会心平气和地接受建议呢？通过运用说话的艺术，把逆耳的话说得顺耳，效果就明显不同了。当然说话的艺术不仅只是语气柔和，态度好，言辞平缓，更重要的是善于抓住问题的本质所在，能一针见血地指出利害关系，使听意见的人感到不接受就会铸成大错。逆耳的未必都是忠言，只有利用说话的艺术更好地帮助人们及时改正错误，那才是真正的"忠言"。

真诚赞美更能打动人

很多人误以为赞美别人，就是说些奉承的话。事实上，抱着奉承的态度去赞美别人，往往会适得其反。虽然人人都喜欢听赞美的话，但并非任何赞美都能使对方高兴。能引起对方好感的只能是那些基于事实、发自内心的赞美。相反，你若无根无据、虚情假意地赞美别人，他（她）不仅会感到莫名其妙，更会觉得你这个人喜欢拍马溜须，是个虚伪的人。

某公司的经理在 KTV 唱歌时，跑调跑得厉害，最后连他自己都唱不下去了。他摆摆手说："哎呀，不行了，献丑了。"谁知他手下的一个职员马上说："唱得很好呢，简直和某某歌星不相上下。"经理听了，不但没表现出高兴的神态，还很奇怪地看了他一眼，然后不冷不热地说："我还是有自知之明的。"弄得那个职员十分尴尬。

由此可见。只有那些真诚的赞美才能真正起到打动别人的作用。而违心的奉承只会弄巧成拙，完全不会对人际关系带来帮助，只会使人际交往变得更糟。比如，你看到一位有些肥胖的女士，却对她说："你身材真好。"对方肯定不会觉得你是在赞美她，甚至会觉得你是故意想讽刺她。但如果你夸她的皮肤很好或者今天的衣服搭配得很好，她一定会高高兴兴地接受，并且觉得你很真诚。

傅雷说过："一个人只要真诚，总能打动别人。"赞美是培养人际关系的润滑剂，前提就是要有一份诚挚的心意及认真的态度。言词会反映一个人的内心，不要以为你违心说出口的话，别人就感受不到。奉承不叫赞美，因为那种纯粹是为了讨好别人说出的话必定不能够打动人心。

　　赞美别人一定要真诚，不然的话就显得很虚伪。他人不会喜欢，所以你想要的效果也不可能达到。

　　一家软件公司承接了一个软件开发项目，在程序员小周的努力之下，任务终于如期顺利完成了。领导表扬他说："小周，看你这些天累的，人都瘦了一圈。你干得可真不错，这么大的项目，居然用三个月就啃下来，而且上万个程序你一次就调通了，简直是个奇迹呀!"小周听了，心里美滋滋的，以后工作更努力了。

　　赞美之所以有如此神奇的作用，因为从事实出发的赞美是能真正表明他们价值的话语。就是说，人们希望赞赏者是真正把他们看成值得赞美的人，并花费了精力去思考才得出的结论。

　　20世纪20年代初，当查尔斯·史考伯成为美国钢铁公司的第一任总裁时，他得到了100万美元的年薪，钢铁大王卡内基为什么肯给他如此高薪? 史考伯说："我认为，我那能把下属鼓舞起来的能力，是我拥有的最大资产，而使一个人发挥最大能力的方法，就是真诚地赞美别人!"

　　所以说，赞美别人一定要出自真心，要真心实意地感觉到对方的优点并加以赞赏。如果言不由衷，甚至牛头不对马嘴，那么这样的赞美有可能让人高兴一时，但不能长久地打动别人，甚至会导致关系的恶化。

　　无数的事实证明，只有实事求是地赞美他人，才能抓住对方的心，才能赢得对方的好感，从而改善自己的人际关系。实事求是是赞美他人的第一要则，既要避免无中生有，又要切忌言过其实。

第三章

善于言辞，在人际交往中左右逢源

在今天这个社会，人际关系对于一个想要取得成功的人来说，是不可或缺的。因为拥有良好的人际关系，可以让一个人在事业发展中如鱼得水。良好的人际关系离不开一张会说的"嘴"。因为一个人要被别人认识、了解，就必须通过交谈。而善于言辞的人，可以更好地展示自己，那些成功人士之所以能够取得成功，与他们拥有非凡的才能不无关系。但更重要的是，他们具备较强的交谈能力以及优雅的谈吐，常常让他们在人际交往中左右逢源。

人际交往离不开口才

我们都知道，人与人之间进行交往，第一印象很重要。而善于言辞的人往往总是能给别人留下深刻的第一印象。优雅的谈吐可以使自己广受欢迎，从而有助于事业的成功。那些成功人士之所以能够取得成功，与他们拥有非凡的才能不无关系，但不可或缺的是他们的交谈能力。

现如今的社会各个方面都需要沟通，需要交流，语言的作用，更表现出其不可或缺的位置。无论你在什么环境中，你都不可能避免跟人们交往，那么你就不能不依靠说话来做交往的媒介。有时甚至还必须"毛遂自荐"，向对方显示自己的才干。如果不借助口才，很难想象那结果又将如何。一个人的说话能力，可以显示他的力量。口才好的人，说话说得使人佩服，往往使他的地位抬高了许多，就是那些能力平平的人，往往因为善于言辞，让大家都以为他是个能人。虽然，一个人只有口才好并不能应付一切，但是如果你具有良好的口才，无论是立身处世，还是交友待人，都一定会给你许多帮助。

语言是具有共同意义的声音和符号，系统地沟通思想和感情，是人类主要的沟通桥梁。所以我们应该慢慢培养自己的语言表达能力，掌握较好的口才。这样，不但对人际关系有较大帮助，对事业、前途也起着很大的作用。

我们经常会听到这样的一句话："一句话可以说得让人笑，一句话可以说得让人跳。"说得"让人笑"的说话者，多半是口才好、谈吐得体的人；说得"让人跳"的说话者，极可能就是因为口才不好，不懂得如何表达。口才是生活中人际交往的纽带。

人们通过交谈来表达自己的思想和愿望，表达自己的喜悦和忧伤。口才好的人能够在短时间内迅速地与别人建立起良好的人际关系，而不善于言辞的人却常常让人觉得厌烦。

我们与人相处时，行为举止当然也很重要。但是，别人对你的评价如何，你给别人的印象是好是坏，别人首先还是会通过你的语言来判断。良好的口才、吸引人的谈吐是你建立理想人际关系的基础。而拥有好口才，将使你谈吐更高雅，论辩更精彩，出口成章，字字珠玑，也将使你更受欢迎。

善于言辞为你赢得好人缘

我们常常看到这样的现象，在一个社交场合：总有那么一两个人在人群中谈笑风生，大家都会微笑着表示欣赏，或者很多人争相和某个人交流。这些受欢迎的人，都是言谈灵活又有吸引力的人。如果你想扩展自己的人际关系网，拥有好人缘，就要把自己嘴上的功夫练练好。

这是一个讲究人际沟通的时代，很多人都是通过交流给别人留下了好印象，为自己赢得人脉。

有一次沈玲和几个同事去参加省里的业务考试，走进考场时发现她的桌子有三个钉子分布成三角形在桌面上，且冒出很高，如果不小心会刮到衣服不说，也会影响答题的速度。沈玲要求监考老师换桌子，监考老师不同意。沈玲很郁闷地说："真倒霉，不考了。"

这时一位同事打圆场道："几个钉子算什么？我还求之不得呢！"沈玲很纳闷："什么意思？"同事说："你太幸运了，这三个钉子暗示你板上钉钉，说明你的三科考试铁定了都能过关。"沈玲听了转怒为喜："我要是通过了，一定请客。"一个月后，沈玲果然三科都顺利过关了。

这位同事巧妙地把"板上钉钉"与三科考试联系起来，一来平息了沈玲的怒气，二来又起到给沈玲加油鼓劲儿的作用。试想一下，你的身边若是有位这样的同事或者朋友，你会不喜欢他（她）吗？能说会道、善巧言辞，这样的人走到哪里不受到欢迎！

我们都知道，一个人的成功离不开别人的帮助。做人最宝贵的财富就是——好人缘。有道是：遇一知己，人生足矣。得人心者，天必助之。在中国古代，越王勾践的卧薪尝胆是可歌可泣的，但若是没有人来帮助，他怎么会败中取胜呢。汉高祖刘邦的楚汉相争是惨烈悲壮的，但若是没有人相助，他怎么可能会扭转乾坤呢。自古以来，得道多助，失道寡助。得人缘者定输赢，得人心者得天下。可见人缘与人生、人缘与事业都是不可短缺的。

好人缘是个人实力的证明。一个口才不好、谈吐无趣的人，必会招致人们的厌恶。而一个谈吐幽默、言辞丰富的人，则一定是受人拥戴的。所以，如果一个人想为自己赢得好人缘，首先要成为善于言辞的人，将正确的说话技巧与圆通的处世方法有机地结合在一起。

口才是交往的工具，是才智的发挥。人缘若是花，口才便是叶，红花绿叶，相得益彰。语言木讷者不利于和他人沟通，要想赢得好人缘则自然十分困难。好口才不仅是伶牙俐齿，更是打动人心，不仅是能言善辩，更是慧语良言，不仅是口若悬河，更是声情并茂，不仅是唇枪舌剑，更是风趣幽默。即使你才华横溢也必须在交流中让人感知，即使你聪慧过人，也要在谈吐中让人了解。好口才是人生的必需，是事业的保证，也是广结好人缘的最有效的桥梁与纽带。

无论是什么样的场合，如果你能够表达清晰、用词简洁，再加上抑扬顿挫、娓娓道来的语调，就能够吸引听众、打动别人。这是你的秘密武器，可以在不经意中助你事业成功。假如你善于辞令，再加上周到的礼节、优雅的举止，在任何场合，你都会畅通无阻、受到欢迎。人们都喜欢和这样的人交往。

巧妙打破聊天的尴尬局面

在人际交往中，我们随时都可能碰上尴尬的局面：聚会、商业谈判、新同事聚餐等，大家都不知道说些什么好，大眼瞪小眼，确实很尴尬。这个时候，怎样才能快速和别人搭上话，打破这种尴尬呢？运用一些技巧，就能够轻松解决了：

1. 迈出第一步

伸出手去、微笑、准备好问候别人。当你迈出第一步的时候，你就创造了一些能量，并且让自己处于一个比较自信的位置。如果你对于这样做感到不自在的话，那么就需要一点练习，但是如果你能够掌握好这一点，那么就能够更好地开始交谈，让小小的谈话变得更轻松一些。

2. 迅速找到共同点，或者退出

共同点是我们和那些初次见面的人的生活交集。地理位置、教育背景、兴趣爱好、子女、体育运动队和其他的一些话题都是交谈中常见的开放式话题。这是我们和自己不认识的人接触的方式。建议在和别人的谈话中，最好通过不超过三次尝试就找到共同点。如果你们彼此没有交集，那么不要对此感到不安。他们也会知道。你可以礼貌地退出谈话，这是一种高情商的行为。

3. 留下印象，但是不要过头

人们在紧张的时候用词会倾向于极端——说得太多或者太少。如果你希望给别人留下印象，所以要在问题和意见的表达中注意保持适度。如果一半时间都是你在说，和你交谈的人就会认为你在独霸这场谈话。这只是在谈话中产生的一个不确切的印象。如果你给他们留下70%的时间，他们就会认为你是一个有礼貌的人，而且擅长与人交谈。

4. 准备好三个好问题

你可能听说过，人们喜欢谈论自己。问题是如何激发这种天性，为了你自己的理智考虑，并且创造真正有趣的谈话，你需要准备有趣的问题。建议你准备这些类型的问题：观察变化：问问人们，过去一年里，他们在某个特定领域，例如商业、体育、电影或者其他主题上发现了哪些变化。这会引发一场谈话，而不是得到某个单一音节答案的审讯。最佳比较：在你的问题里使用"最佳""最糟糕""最"等词汇。通过这些问题，你会开始一场有比较的谈话，其中包含了一些紧张和激情。你可能不喜欢你得到的答案，但是你会提高对方的参与度，引发对方的兴趣。对未来的预测：问问他们认为针对某个特定主题在未来一年会发生什么情况。体育是个安全话题，而政治话题则充满风险。但并不意味该厚此薄彼。这里的关键在于创建对话，对未来的推测只是为了达到这个目标。

5. 让沉默为你做好铺垫

有人觉得必须填补任何长度超过2—3秒的沉默。这让他可能会陷入自己原本希望退出的谈话，但是却因为为了避免尴尬而重新加入。让沉默持续一小会儿，这样当你优雅地退出的时候，每个人都会理解你退出得正是时候。

6. 不着痕迹地退出

当谈话告一段落，正在进行的话题明显已经结束的时候，你可以伸出手，说，"很高兴和你共处的时间。我希望很快就能够再次见到你"。然后你就可以在房间里走动去见别的人了。我们几乎所有的人都有一些社会责任，要参加一些我们并不热衷的活动。培养一些在这种情景下聊天的小技巧会给你更多的自信，并且能缓解你在这种场合的不适。

从"共同点"开始聊起

　　一般情况下，和别人初次见面，彼此都会感到紧张与尴尬。但只要双方能找到共同点，有共同的话题，就能很容易地拉近彼此的距离。比如说，双方都是背井离乡、外出求职的，又是同一所学校毕业，还认识共同的人等，在交谈过程中他们就会倍感亲切。再比如刚开始见面时，一方问对方："请问你是哪里人？"或者是"你是哪所学校毕业的？"如果对方回答："我是杭州人。"他就会接着说："杭州啊！我去过。我记得当地最具特色的产品有……"这样用不了几分钟，两人便可以聊得非常热乎，仿佛是多年不见的朋友一样。

　　每个人在与别人的交往中都存在"物以类聚，人以群分"的心理，人人都希望得到一种认同，而不是走到哪儿都听到别人反驳他。所以你如果可以找到两个人的共同点——你和别人相似的地方，就可以继续下面的话题。不要怕和一个陌生人找不到相同的话题，只要你认真地去询问就可以找到。并且人与人之间的共同点是很多的，也许你们谈着谈着就发现你们是同样的人或者有着相似的经历。更广泛一些来说，你们也许对某种东西或者某种观点有着类似的看法等等。当别人说的东西正符合你的意见，那么你来一句很简单的"对啊，我同意"或者说"太好了，你也喜欢这首歌啊"。只要这么简短的一句话就可以拉近你们的距离，找到你们的话题。

　　一个度假的大学生和一位在法院工作的同志，在一个共同的朋友家聚餐。经主人介绍认识后，两个陌生人谈了起来。慢慢地两人发现彼此对社会上不正之风的看法有许多共同点，不知不觉地展开了讨论。越谈越深入，越谈双方距离越短，越谈双方的共同点越多。事后双方都认为这次交谈对大学生认识社会，对法院同志了解外面的信息和群众要求、增强为纠正不正之风尽力的自觉性都是有益处的。

就这样，大学生表达了自己的观点，又得到了对方的认可，在法院工作的同志觉得这样一个初出茅庐的学生很有主见，是个值得一交的朋友。

其实两个人谈话最怕的就是找不到话题，当你谈起一个别人根本就不懂的东西时，对方想和你交流都没有办法。一个好的话题可以引出无数的话题。利用共同点开始就很容易找到别的共同点，尴尬的局面一下子就被打破了。

因此，当你准备参加座谈会时，如果即将碰面的对象是陌生人，而你想和他初次见面就增加熟悉感，你就应该尽量找出彼此的共同点。先查阅一些有关对方的资料，或者向他人询问对方的相关背景，对他进行初步的了解。这样，当你向对方提问时，对方会因为你对他有所了解，进而对你产生好感，乐于与你谈话，你们的关系也就会水到渠成。寻找共同点的方法还很多，譬如面临的共同的生活环境、共同的工作任务、共同的行路方向、共同的生活习惯等。只要仔细发现，总会找到两人之间的共同点，这样，你们聊下去就是很容易的事了。

如何激起对方开口的欲望

生活中人人都渴望友谊，希望结交更多的朋友。但朋友都是由陌生人发展而来，有相当一部分朋友是萍水相逢时认识的。在风光绮丽的景区、在熙攘喧闹的汽车上或者在小型聚会上，凭一个会心的微笑、几句得体的幽默话、一个礼貌的动作等，都可以引起他人的注意，进而与他人相识。所以，与人交往的关键是得找出交往的契机，主动伸出友谊之手，打开对陌生人关闭着的心灵之门。然而不是所有的人都是善谈的，有的人比较沉默寡言，虽然有交谈的欲望，却不知从何谈起。这就需要其中的一方改变态度，率先向对方发出友好信号，激起对方的谈话欲望，达到交流的目的。假若你的一个话题使对方产生了浓厚的兴趣，那么无论他是一个如何沉默的人，他都会发表一些言论。因此你在谈话的停滞之中，一定要想办法寻找并且不断地激起对方的兴趣，使谈话能够一直持续下去。

对于那些腼腆的人，交谈者应主动寻找话题，消除对方的紧张感。朋友相交，重在交流。由陌生人到朋友，需要通过深入地交流才会相互了解。要达到深入交流的效果，就要在掌握交谈艺术的同时激发对方的谈话欲望，只有这样才能彼此加深了解，从陌生走向熟悉，进而成为朋友。

在与别人交谈的过程中，千万要记住，不要总是把自己想说的话都说出来，就听见你一个人在那儿夸夸其谈，要说一些让对方感兴趣的话题，对方擅长的话题，让对方有话可说。众所周知，谁也不喜欢在交谈的时候插不上嘴，只是听着别人说话自己却只能当个倾听者，恐怕这样的人遇上第一次就不想遇上第二次了。所以我们要善于激起别人说话的兴趣，让双方互动起来，这样的交流才有意思，才会让彼此都觉得愉快。

耶鲁大学教授威廉·菲尔普斯，八岁的他那时经常到姨妈家度周末。有一天晚上，有一位中年男子来拜访，跟姨妈寒暄完后，就和菲尔普斯聊了起来。那时菲尔普斯非常热衷帆船，对方似乎对帆船也很喜爱，两人一直以帆船为话题进行交谈并很快成了好朋友。客人走后，菲尔普斯对那位客人大加赞赏："多么棒的人！他对帆船也如此感兴趣！"姨妈却告诉他："他是纽约的律师，对帆船一点儿也不感兴趣。""那他为什么一直都在谈帆船呢？""因为他是一名君子，他觉得你对帆船感兴趣，就谈一些会使你高兴的事。"菲尔普斯这才恍然大悟。直到长大以后，他还时常想起那位律师。

可见，让对方能够侃侃而谈可以从对方感兴趣的话题开始，这样两人的交往就会非常顺利，并且大大增进个人的人际关系。

有时候，我们并不需要自己去寻找话题，当谈话的对方提出什么问题的时候，我们尽量回应他们，这样就会找到说话的话题了。即使你对别人说的东西不太懂，你可以让对方给你讲解，这样，你还可以学到东西，而且对方也愿意说自己的话题。等到说得差不多的时候，你也可以适时地改变话题，去说一些更加广阔的东西。其实，很多人都是喜欢和别人交流的，但就是不知从何开头。因此，我们要做一个主动者，积极去引起对方谈话的兴趣，引出两人能够愉快交谈的话题。

提问，让沟通更顺畅

沟通是一门艺术，懂得恰当提问，才能够主导沟通方向，从而使提问者更好地掌握沟通的主动权，能够帮助提问者了解更多的情况，然后与对方和谐讲话，运用技巧帮助提问者解决问题。

谈话好比投球、接球的动作，每一次投球都需要一个契合点才能够百分之百地投中，谈话也一样，一个恰当的提问往往可以打开话匣子。如果一个人想要到一个陌生的地方发展，就必须懂得拓展人脉资源，而讲话往往是建立与人沟通，拓展人脉资源的最好切入点。

在一个谈论自己成功之道的宴会上，众多成功的企业家因为各种事务的繁忙而无暇出席。梁乐乐的老板由于有重要事情要办而无法出席，便让除自己以外公司职位最高的梁乐乐代表自己来参加这次宴会。

梁乐乐本打算露露脸应付一下就行了。没想到的是，全场只有6桌的晚宴，梁乐乐偏又被拉到了主桌，坐在他旁边的是一个身价不菲的富翁。

身为代表出席晚宴的梁乐乐感觉很是难熬。可是，他只说了一句话，便使得那位富翁滔滔不绝起来。梁乐乐的那句话就是巧妙的发问。梁乐乐只问了一句："早就听说您公司的大名了，请教您的生意是怎样成功的?"一句巧妙的发问便让那位富翁眉飞色舞地讲起他白手起家的奋斗过程，这不仅使梁乐乐摆脱了尴尬的身份处境，还学习了一些宝贵的创业经验。

提问可以让人在不同的环境中找到相同并且使人感兴趣的话题，从而建立两人之间的亲密关系。上述例子告诉我们，想要在不适应的场合得到对方的欢心，就必须懂得恰当提问，而且在提问面前加上"请教"两个字更能显示出你的真诚。

有效沟通是一种很重要的技能，对于沟通，我们首先要明白的就是，它并不是自唱自演的独角戏，而是一场双向交流。若想要获得与人沟通的机会，就要获得他人的好感，拉近与他人的距离，要做到这一点，就需要针对对方的情况，进行恰当的提问。只有这样，才能够打开话匣子，使沟通更加顺利。

提问的技巧如下：找到能够回答、乐于提供答案的人，先与他交朋友，再进行提问；提问时，要创造一个他人乐于回答问题的良好氛围；在闲聊中引出问题要顺势，而不是一开口就进行盘问；提问时，若他人不愿意回答，就应该想一想自己提问的方式是否妥当，千万不要一味地追问，而应换一个方式套问；能够得到他人的回答是很珍贵的，因此要感谢提供答案的人。

在沟通过程中，巧妙的提问能够帮助你不断获得所需的知识和信息，能够使一个没有兴趣的听众变成一个积极的参与者，能够让两人交谈的氛围越来越融洽。

人际交往少不了会打圆场

在人际交往中，失言是不可避免的事。关键是懂得随机应变、设法缓和或化解因失言造成的尴尬与僵局。这就要求说话者必须调整思维，巧妙应答，用别出心裁的话语来为自己打圆场。这时，不要就事论事，而应换一个角度，尽力以新的话题和新的内容把原来的问题引开或转移，分散大家的注意力，但又不完全偏离原来的表达。

学会打圆场，可以淡化或消解矛盾，使气氛由紧张变为轻松、由尴尬变为自然。在生活中，我们更要学会帮别人打圆场。用巧妙的话语替别人解围、让别人下台阶，不但能缓和尴尬的气氛，还能顺便卖别人一个人情。

打圆场要讲究技巧，才能收到最佳的效果。用巧妙的言语去缓和气氛、调解人际关系。在此，不妨再看一则小故事：

从前，有个理发师傅，带了个徒弟。徒弟学艺三个月后，这天正式上岗。他给第一位顾客理完发之后，顾客照照镜子说："头发留得太长。"徒弟站在一边不言语。师傅在一旁笑着解释道："头发长使您显得含蓄，这叫藏而不露，很符合您的身份。"第一位顾客听罢，高兴地离去。

徒弟给第二位顾客理完发之后，顾客照照镜子说："头发留得太短。"徒弟还是不言语。师傅笑着解释道："头发短使您显得精神、朴实、厚道，让人感到亲切。"第二位顾客听了，欣喜地出门。

徒弟给第三位顾客理完发之后，顾客边交钱边嘟囔："剪个头花这么长的时间。"徒弟无语。师傅马上笑着解释道："为'首脑'多花点时间很有必要。您没听说过：'进门苍头秀士，出门白面书生！'"第三位顾客听罢，大笑而去。

徒弟给第四位顾客理完发之后，顾客边付款边埋怨："用的时间太短了，二十分钟就完事了。"

徒弟心中慌张，不知所措。师傅马上笑着抢答："如今，时间就是金钱，'顶上功夫'速战速决，为您赢得了时间，您何乐而不为呢？"第四位顾客听了，欢笑着告辞。

故事中的这位师傅，真可算得上是能说会道。他机智灵活，巧妙地"打圆场"，每次得体的解说，都帮徒弟摆脱了尴尬，让对方转怨为喜，高兴而去。他成功的"打圆场"经验，给了我们诸多启示。

那么，如何来打圆场呢？

1. 用动听的话去打圆场

用动听的话获得顾客的欢心，是师傅成功给徒弟解围的第一要诀。每个人都爱听好听的话。师傅正是利用了人们这一心理，在顾客抱怨时，有针对性地选择动听的话来讨人欢心，这样一来，就消除了顾客的不满和抱怨，让顾客满意地笑着离开了理发店。

2. 用辩证的眼光去打圆场

任何事物都有它的两面性，其中的对与错、利与弊都是相对的。辩证地看问题，引导别人换个角度看问题，是打圆场的另一个技巧。师傅针对不同的情况，用巧妙的语言去解释，让顾客从一个新的角度去看原来的不满之处并体会到其中的妙处，从而高兴地接受师傅的观点。

3. 用幽默的语言去打圆场

幽默是化解尴尬最好的一剂良方。幽默的话语能够使人转怒为喜，开怀一笑。比如说，师傅使用的"首脑"一词就很幽默，将"头"说成是"首脑",调侃又不失文雅,庄重又不失风趣,还顺便"提升"了顾客的身份。顾客能不因此开心大笑吗?那一句"进门苍头秀士,出门白面书生",也很诙谐幽默。那句"如今,时间就是金钱,'顶上功夫'速战速决,为您赢得了时间,您何乐而不为"的解释,在幽默中又蕴含了"与时俱进"的含义,很有时代气息,这就大大增加了感染力和说服力。

打圆场也是一种说话的艺术。只有我们认真学习并掌握这种艺术,才能在特定的场合为自己或他人有效地摆脱尴尬和困境,同时展示出自己动人的谈吐。

第四章

求职有道，看你怎么说

　　在求职路上，那些口才不佳的人常常感觉"伤不起"。为什么呢？因为那些口才好的人往往占了先机，他们总是更懂得如何用语言来打动面试官，流利的口才让他们在人群中脱颖而出，让那些口才不佳的人望尘莫及。

　　如果说，日常生活中的说话技巧不过是为生活增加一抹亮色，那么，在求职面试中的语言技巧则是一种竞争力了，这决定着你的前途命运。在面试时，你说出来的话，会直接影响到你是否能叩开这家公司的大门。

让自我介绍成为一场好的开场白

　　我们都知道，求职面试时，很多面试官首先会让求职者做一个简单的自我介绍。虽然，一个自我介绍可能只有短短几分钟，但是这几分钟却是非常关键的。根据很多人力资源经理的总结，一次面试的结果，往往在开始的两分钟之内就已经确定了。一段好的自我介绍，让面试有了好的开场白，自然会加分不少。成功的自我介绍往往能够打动面试官，给对方留下深刻印象，这样对你的求职来说也就成功了一半。

　　求职者自我介绍的根本目的，是让面试官对自己有个初步的、大概的了解。但是说起来容易，做起来就难了。在这短短一两分钟的自我介绍中，又要语言简练得体，又要内容丰富，还要有亮点。所以，我们一定要在面试时的自我介绍部分下功夫。如果你能利用好自我介绍，它就是你突出自己优势和特长、展现综合素质的好机会，从而给面试官留下一个很好的印象，这就迈出了你获得这个工作机会的第一步。那么，什么样的自我介绍才能算是好的开场白呢？

　　首先要有礼貌。在做介绍前，要先对面试官打个招呼，道声谢。如："经理，您好，谢谢您给我这么好的机会，现在我向您做个简单的自我介绍。"介绍完毕后，要注意向面试道谢，并向在场面试人员表示谢意。

　　其次要明确，自我介绍不是真的要做个自我介绍，让对方了解你。事实上，面试官并不想完全了解你，他也没有时间，并且在听你介绍前早已经看过了你的简历。也就是说自我介绍只是个让面试官了解你表达能力以及临场应变能力的手段而已，同时可以强调一下你最突出的优势。明白了这一点，我们就能够有的放矢做好自我介绍。

然后主题一定要明确。有的人自我介绍头头是道，但是基本集中在学校活动并且讲了很多无关痛痒的话，这就变得非常的散，没有重点。自我介绍也跟文章一样，要有主心骨，要有层次和逻辑，才能让听的人有欲望。求职面试中的自我介绍宜简不宜繁，一般包括这些基本要素：姓名、年龄、籍贯、学历、学业情况、性格、特长、爱好、工作能力和工作经验等等。对于这些不同的要素该详述还是略说，应按招聘方的要求来组织介绍材料，围绕中心说话。假如招聘单位对应聘人的工作能力和工作经验很重视，那么，求职者就得从自己的工作能力及经验出发进行详细的叙述，而且整个介绍都是以这个重点为中心；假如你应聘的单位对应聘人的学历以及特长很重视，那么作为求职者就得从自己的学习情况以及你在所学专业里具备的特长做详尽的叙述。

最后，一定事实讲述。在自我介绍中，要尽量避免对自己做过多的夸张，一般不宜用"很""第一""最"等表示极端的词来赞美自己。事实胜于雄辩，在面试的时候，我们不能为了追求给面试官留下深刻印象，而去对自己的过往工作经验进行夸张的叙述，如"这方面的工作经验我已经很丰富了""我的专业成绩一直都是最好的"等，其实这样一说，反而给面试官留下不好的印象，取得的效果也适得其反。

自我介绍，不管你措辞多么恰当，内容多么丰富，语气一定要自信，说话的速度不要太快，口齿一定要清晰。别使面试官感到你的声音疲乏、胆怯。一旦你的声音中注入了活力和自信，对面试官的感染将是非常强烈的。如果你有优美的嗓音，一定要好好利用，那将是你最有利的武器。

一场面试就像一场谈话，如果开场白做得好，自然能够获得对方的好感，让这场"谈话"能够持久而愉快地进行下去。

用什么打动面试官

应聘成功是每一位求职者的共同心愿。但一般来说，竞争同一职位的人肯定不止一人，经过审阅简历然后通知面试的人也不止一个。而要想通过面试一关，口才无疑起着决定性的作用。有时候不光是你怎么说，更关键的是，你说了什么。

张浩大学毕业后决心自谋职业。一次，他在一家报纸的广告里看到某公司征聘一位具有特殊才能和经验的专业人员。张浩并没有盲目地去应聘，而是花费很多精力，广泛收集该公司经理的有关信息，详细了解了这位经理的奋斗史。那天见面之后，张浩这样开口："我很愿意到贵公司工作，我觉得能在您手下做事，是最大的光荣。因为您是一位依靠奋斗取得事业成功的人物。我知道您28年前创办公司时，只有一张桌子，一位职员和一部话机，经过您的艰苦奋斗，才有了今天的大业。您这种精神令我钦佩，我正是奔着这种精神才前来接受您的挑选的。"所有事业有成的人，差不多都乐于回忆自己当年奋斗的经历，这位经理也不例外。张浩一下子就抓住了经理的心理，这番话引起了经理的共鸣。因此，经理先生乘兴谈论起了他的成功经历。张浩始终在一旁洗耳恭听，以点头来表示钦佩。最后，经理对张浩很简单地问了一些情况，终于拍板说："你就是我们所需要的人。"

张浩没有像一般的应聘人员那样把自己介绍得完美无缺，也没有滔滔不绝地大谈过去的辉煌历史，而是谈面试官的成就，谈自己对将来工作的想法。正是他这种对于口才的灵活运用，使得他能够脱颖而出，给对方留下深刻的印象。

很多人会对面试官说"我多么多么想进入贵公司发展，你就给我这个机会吧"，无论说得多么诚恳，却常常无法打动面试官。究其原因，这句话完全没有任何亮点，面试官也无法通过你这句话看到你的诚意和实力。

面试官挑选人才，主要是从公司的角度出发，要么是一个各个方面都很优秀的人，要么是专业能力很强的人，要么是很有潜力的人。第一种不用说，自然是能从众多求职者中脱颖而出，第二种和第三种人就只能通过自己的语言表达，让面试官觉得自己是一个可造之才。所以，面试的重点，就是在于说些什么才能打动面试官。

梁睿去应征一家橡胶厂的工作，他对该行业原是外行，但为了谋职，他预先调查好了国内橡胶产品的销售市场以及国外橡胶产品在国内市场上的比重，并对各家产品进行了比较分析。当他应聘时，他对该行业的研究使面试官大感兴趣，在几十位应聘者中独占鳌头，结果不用说，他如愿获得了这份工作。

所以，有时候打动面试官，可以准备一些使对方产生兴趣，同时又能表现你的才干的谈话资料，这些往往能帮助你获得成功。

一问一答有技巧

尽管每个公司面试的程序和模式不尽相同，面试官的风格各异，但是提问却是所有面试必不可少的步骤。甚至有些问题，几乎所有的公司面试时都会问道，不管面试官出于什么目的问你，你能回答得巧妙，自然也能为自己加分。

1. 你为什么会离职？

每个跳槽的应聘者，在面对面试官时，都会被问到离开原来单位的原因。当你遇到类似问题时，切不可漫不经心地回答。对于一些普遍性的原因，如"大锅饭"阻碍了自身的发展，上班路途太远，专业不对口，结婚、生病等都是人们可以理解的原因，可以如实道来。但是，有些原因在回答时一定要谨慎，千万不要随意地说出，这会给你的求职带来阻碍。

2. 为什么想进我们公司？

"我来应聘这份工作，因为我相信我能为贵公司的发展做出贡献，同时，我也相信贵公司会为我提供实现个人价值的舞台。我在这个领域具有一些经验，而且我的适应能力使我确信，我能把这份工作做好。"当然，每个公司有不同的情况，在遇到类似问题时，要根据现场情况灵活变通，巧妙说话，这样会给面试官留下好的印象。

3. 你在这类工作方面的经验如何？

这是展示你才能的最佳时机。但在你回答前，必须绝对清楚对于应试者来说什么是最重要的。如果你不知道你在该工作岗位最初的阶段将面对什么项目，你必须询问。你的认真思考和分析能力将得到尊重，你得到的信息将自然使你更加贴切地回答问题。但在描述你所取得的成绩时，要谦虚，切不可夸夸其谈。

4. 你认为自己最大的缺点是什么？

回答这个问题时，绝对不要自作聪明地回答："我最大的缺点是过于追求完美。"有人认为这样的回答会显得自己比较出色，但事实上，这样的回答会把你推向一个危险的境地。每个人都有缺点，这一点我们很清楚。

小徐到一家公司去面试。"请问，你认为自己最大的弱点是什么？"面试进行到一半的时候，对面的面试人员突然掷出这最具杀伤力的一着。到这儿之前，小徐曾经拜读过许多"面经"，经典的回答莫过于"我最大弱点是太勤奋太拼命了，以至于常常忘掉了休息……"听他说完，面试官笑了笑，表示赞赏。

面试时，各种精心设置的"陷阱"往往会不期而至，如果老老实实一五一十地回答——"我的英语没过六级""我性格内向不善与人交往""我学技术学得比较慢"，结局自然也就可想而知了。因此，当被问及这个问题时，你不妨说出几个你的缺点来，但是注意不要选择对你将来的工作有影响的缺点。

5. 你会如何与上司相处？

"我重视的是工作和成果。我交际能力强，可以和任何人打交道。"你回答的主旨在于表现你交际能力强、心胸开阔，在处理与上司关系时，以服从公司利益需要为原则，绝不会因个人问题而斤斤计较。

6. 如果公司在职位方面有变动，安排一个与你应聘职位不同的工作，你能接受吗？

"我会感到遗憾，不过我还是乐意服从分配。我是基于对贵公司业务开展与工作作风的充分了解，才欣然前来应聘的，所以无论在哪个部门工作，我都会努力，况且我可以学到更多新东西。当然，如果今后有合适机会仍可以从事我所期望的工作时，我将很高兴。"当然，话不是绝对的，如果你觉得这样安排对你不适合，你可以委婉地说出自己的意图，让对方了解你对这个职位的向往，并且是最佳人选。

除了这些问题，有时候还会遇到一些比较刁钻的面试官，会故意问些其他方面的问题来考验你。如果你在面试过程中碰到不懂的问题，硬着头皮胡乱说一通，掩饰自己的无知，这是下策。因为资深的面试官很可能继续追问下去，应试者乱说只会出洋相，面试官即使不追问，也可能心中有数。还有些应试者企图回避问题，东拉西扯讲别的事情企图混过去，这也是非常不明智的。

最明智的应对措施是坦白承认："我不懂，对于这个问题，我还认识不够，看来今后得加强这方面知识的学习。"没有人全知全能，什么都精通，你态度诚恳，反而会博得面试官的好感。有时候在面试过程中，面试官提出的问题，应试者不明白他想问什么。如果是没有听清楚，可以请求对方重复一次。

有时，明知主考官问得不妥当，也不应该当面指出"您的问题很模糊，我不知道您想问什么"，最好是婉转一点表示自己不大明白问题要求哪一方面的答案，可以尝试给出最可能接近的答案，说"不知道您想知道的是不是这个"之类的话。最重要的是态度诚恳，不可胡乱猜测、信口开河。

话不可说太"大"

有很多求职者，为了在面试时突出自己的优势，打动面试官，常常喜欢说一些表决心的豪言壮语。比如，在介绍自己的能力，或介绍自己的工作经验以及对工作的想法时，总是喜欢用非常肯定的口气："我非常熟悉这项业务！""我保证能让部门改变面貌！"这些话常常不经思考因为情绪冲动而说出来的，往往没有具体的事实证明，这样的话非但没能打动面试官，反而会引起面试官的反感。

如果遇到较为平和、内敛的面试官，也许他不会为难你，最多会在心里嘲笑你一番"现在的年轻人都这么不知道天高地厚的吗？"但是如果遇到个性较强的面试官，他往往会这样问你："那么你谈谈有些什么措施？"或者"这项业务最新发展动向是什么？"你必定会张口结舌，尴尬万分。因为情况是非常具体和复杂的，如果你硬着头皮去回答，那只能使场面更加尴尬，让自己很难下台。

有一位刚刚大学毕业的小伙子，为了进入某公司成为一名销售员，在通过了第一轮的面试和笔试后，他成功地进入了最后一轮的复试。小伙子胸有成竹地来到考场，在众多考官提问之后，他满以为自己能顺利进入公司，没想到在最后的阶段事情出现了逆转。一位一直沉默的面试官问道："如果你成为公司的一员，你认为自己该如何发挥自己的特长？"

小伙子立即答道："我一定会让自己的能力得到充分的发挥，让销售业绩在短期之内发生质的飞跃。"面试官听完他的一番慷慨陈词之后续问道："那你自己准备如何做呢？说来听听。"小伙子一下子吞吞吐吐说不出来。因为他根本没有想到如何才能提高部门的业绩，只是心急想得到工作。结果可想而知，他失败了。

在这次应聘中，因为在最后一轮面试的问话中，他没有具体地想过自己说出的话，只是为了表现自己的壮志决心而说"大话"，使自己陷入自相矛盾的尴尬境地。

豪言壮语谁都会说，但是做得到的人的确很少。特别是在面试的时候，你说这样的话，并不能显示出你有多大的本事，反倒给人一种不靠谱的印象；就算你真的有这么大的本事，你这样毫不掩饰地表示出来，也会让人觉得你这个人有些年少轻狂。所以，面试的时候，一方面要充分地展示自己，一方面又要注意自己的措辞。

幽默感也是一种竞争力

在今天这个社会，幽默感不仅能让人拥有良好人际关系，同时成了一种无形的竞争力。即使是在紧张的面试中，如果你擅用幽默，可以在此发挥，调节一下气氛，会为你的面试增加胜算。

在一次电视台主持人招聘面试中，考官问一位女学生："三纲五常中的'三纲'指什么？"这名女学生答道："臣为君纲，子为父纲，妻为夫纲。"她刚好把三者关系颠倒了，引起哄堂大笑。可她镇定自若，幽默地说："我指的是新'三纲'，我们国家是人民当家做主，领导是人民的公仆，当然是'臣为君纲'；计划生育产生了大量的'小皇帝'，这不是'子为父纲'吗？如今，妻子的权利逐渐升级，'妻管严''模范丈夫'流行，岂不是'妻为夫纲'吗？"

这位女学生机敏幽默的回答，不但显示了她的口才与智慧，还显示出了她敏捷的思维，这无疑增加了面试的竞争力，最终使她顺利通过了面试。很多人在面试的时候都会有些紧张，甚至不少有能力、有才华的人为此痛失机会。而有些人面试者，本来能力、才华并不突出，却因为幽默感而从中脱颖而出。

有一家报社招聘采编人员。有一位年轻人在入围面试的 10 人中，无论从学历，还是所学专业来看，他都处于下风，但他的幽默感却引起了评委们的注意。

在面试时，问到第三个问题"谈谈你应聘的优势与不足"时他说："我的优势是有过两年的办报经验，并且深爱着报业这一行。每当我拿起一张报纸，我总不自觉地给人家挑错：题目显得累赘，哪个词用得不合适，哪个错字没有校对出来；版面设计不合理，碰了题、通栏了……甚至有时上厕所，也忍不住捡起别人丢在地上的烂报纸看……"听到这里，评委们不约而同地笑了。

事后他了解到，一开始他并不被看好。然而其他参加面试的人回答问题过于"正统"和"死板"，正是他的灵活与幽默让挑剔的评委们觉得他更适合干这一行。于是，不起眼的他脱颖而出，幸运地被录用了。

对于面试官来说，紧张慌乱的应聘者，意味着在工作中也不能胜任。每个人都喜欢有幽默感的人。

幽默感为人才竞争提供竞争力，也可以创造机遇。因此，面试时如想展现别样风格，建议把握以下三点：

第一，展现的内容必须是积极向上的。你给面试官留下的印象，必须是自信、积极、乐观、开朗、热情的，而不是怀才不遇、内向自闭、冷嘲热讽等消极内容。

第二，以展现自己的特长为主。无论你用哪种方式求职，展现的内容最好是自己的特长，而且应该与你应聘的职位相关。

第三，突出幽默的一面。幽默感来源于对生活的感悟，也能体现一个人的职业价值观和生活态度。幽默感更能拉近人与人的距离，是获得面试官好感的利器。

那些面试不能说的话

许多年轻人在面试的时候，总觉得面试官和你交谈甚欢是对你有好感，便自以为很平常地和对方说出很多话。你也许觉得这是真诚的表现，但是对方也会从这些话里捕捉到很多信息。这些信息也许会给你带来帮助，但也会给你带来阻碍。所以在和面试官交谈的时候，绝不能乱说话。下面给大家列举一些不能说的话题。

不要说关于前任公司的各种信息。前任公司的机密资料你不应该泄露，否则会让面试官认为你这个人不值得信任。他还会想："你可以泄露前任公司的机密资料，那以后也可以泄露我公司的资料，我可不敢用你，否则，不是自己花钱雇一个'特务'吗？"

不要说关于性别或种族的偏见。你或许以为面试官与你志同道合，因而大谈特谈。其实这样做如同自掘坟墓，很多公司尤其是外企都不容许性别和种族歧视存在。

不要大肆夸奖自己的孩子。即使面试官桌上摆着自己的家庭照，你的口袋里塞满成叠小孩照片，但谈论关于孩子的话题，也颇不符合面试的场合。

不要说为面试官取得某物或某种特殊商品的提议。比如说，"我能帮你买到批发价的智能手机"。或许这是事实，或换个场景会表现出你待人的热忱。可是在面试场合，这样则显得格格不入，而且会有你在贿赂他之嫌。

不要说你如何的厌恶数学、物理等学科。虽然表面上看来似乎与此职位无关，但是擅长数理化等科目是能够表现一个人的逻辑能力的。

不要总是提大人物名号以自抬身价。比如说，总是炫耀你前任老板是著名的经济学家，你曾协助他做过什么经济方面的规划。假使你真的与某些社交名流为友，留心别造成你在吹嘘自己的印象。因为你不知道面试官对于此事的态度到底如何。

不要将面试官赞美得天花乱坠。即使你诚心佩服其人，在这种情况下，你的赞美可能遭到误解。当然，你可以这么说："与您面晤很愉悦，谢谢您。"

不要说与面试单位的某人是熟人。例如，"我认识你们单位的某某""我和某某是同学，关系很不错"等等。这种话面试官听了会产生反感。如果那人是面试官的上司或比面试官的职位高，他就会觉得你是在用上级来压他，这样，即使你被录用了，以后的日子也不会好过。如果面试官与你所说的那个人的关系不怎么好，甚至有矛盾，那么，你这话引起的结果就会更糟。即使面试官与你所说的那个人毫无关系，他也会觉得你是想通过拉关系为自己赢得胜算，从而对你的信心和能力表示怀疑。

不说不合逻辑的话。当面试官问："请告诉我，你的一次失败经历。""我想不起我曾经失败过。"如果你这样说在逻辑上是讲不通的。又如："你能干些什么工作呢?""我可以胜任一切工作。"这样的回答也不符合实际情况。

不要说抱怨的话。千万不要在面试官面前抱怨。要知道，无论什么样的面试官，都不会喜欢一个满腹牢骚的人。

不管怎么说，面试也是件严肃的事，特别是在说话方面，哪些话可以说，哪些不可以说，应该仔细掂量一番。

谈薪水问题有技巧

薪水报酬问题是求职中很重要的一个问题，在面试的时候，除非该公司已经明确说明薪水报酬，否则不可避免地都会谈到薪水报酬问题。随着人们经济观念的不断增强，现在人们求职已经不像从前那样对于薪酬难以启齿了。甚至有的应聘者还没跟面试官聊几句，就马上很急切地谈论薪水报酬，好像他来面试一心就是为了薪水而来的。虽然很多人已经将薪酬作为求职的重要标准，甚至是第一标准，这本无可厚非。但是那种一开口就问"工资报酬多少，福利待遇如何"的求职者最令面试官反感。

求职者关心收入和待遇的心情是可以理解的，但八字未见一撇，一开口就讨价还价，是不成熟的表现，求职毕竟不是谈生意做买卖，"金钱第一"怎么说也容易让人产生反感。工作还没干就先提条件是非常浮躁的表现。谈论报酬待遇，无可厚非，只是要看时机，一般在双方已有初步意向时再委婉地提出较好。

在面试谈论薪水的时候，个人的薪酬是与其能力、作用、表现和贡献等息息相关的。所以在回答薪资问题时，不能逞匹夫之勇乱答一气，要事前做好准备，要有策略。在用人单位尚未了解你的情况时，开价过高，难以被用人单位接受；开价过低，吃亏的是自己。所以在讲薪酬之前你必须做到以下几点：

（1）在面试前一定要了解该职位薪酬的普遍情况，了解该公司的政策。

（2）切勿盲目主动地提出希望得到的薪酬数目。

（3）尽可能从言谈中了解用人单位给你的薪酬是固定的还是有协商余地的。

（4）面试前设法了解该行业薪酬福利和职位空缺情况。

在明确了以上几点之后，你就要开始同用人单位讲薪酬了。那么，该如何同用人单位讲薪酬呢？

在与用人单位协商薪酬的过程中，如果用人单位要你开价，那么你可以告诉其大概的薪酬幅度。这就要求你对自己的薪酬要有个正确的估计，了解该职位大概薪酬标准，以便自己心中有数。同时别忘了，福利也是你应得的报酬，如医疗保险、养老保险、公积金、带薪休假等。

假如面试的时候，面试官问你原来的薪资是多少，这个问题你一定要谨慎回答。你最好告诉对方："过去的工资不重要，关键是我的工作能力。"如果你目前薪资太少的话，直接回答不会给你带来好处的。

薪资谈判不能像其他谈判那样，一味设法地提高你的条件，而对方就只顾压低你的价钱。把原来和谐的气氛弄成敌对的局面，这对你实在没有好处。如果对方有心压低你的薪酬，就会将话题转移到你上任后有何计划、如何扩大市场占有率或如何降低产品成本等，这样原来那种紧张敌对的状态，很快便形成同心协力的局面。这时，你应该充分展示你的能力和对未来工作的设想，这样一方面可以给对方留下好印象，另一方面你也以借此提高你的薪酬要求。

在面试时候提到的薪水的数目往往并不是你在以后工作中的实际薪水数目，这不过是面试考题之一，需要你细心去体味，认真去回答，只有说法有理有据的人才会取得成功。

第五章

如何跟领导有效沟通

在职场中，懂得在关键时刻说关键的话，是成功与否的决定性因素。俗话说：会干的不如会说的。职场中，有些人默默无闻地做了很多事，但是因为不善言辞，一直没有提拔的机会；有些人除了勤勤恳恳地工作之外，还会在适当时机展示自己的语言天分，助其事业更上一层楼。可见，善于言辞在职场中是多么重要。

主动和领导交流

现实生活中，我们常常会看到这样的情况：在同一个公司上班的人，付出的勤奋努力相差无几，有些人很受领导的赏识，很快脱颖而出，有些人却备受冷落。因为前者明白，勤恳努力很重要，但让领导关注到自己的所有努力更重要。

在人际交往过程中，有效的沟通是人们交往的重要保证。同样的道理，员工要想让领导重视你，并且欣赏你，就必须主动与领导沟通。

想主动与领导沟通的人，应懂得主动争取每一个沟通的机会。事实证明，很多与领导匆匆一遇的场合，可能决定着你的未来。比如，电梯间、走廊上、吃工作餐时，遇见你的领导，走过去向他问声好，或者和他谈几句工作上的事。千万不要像那些怯懦的同事那样，极力避免让领导看见自己，仅仅与老板擦肩而过。能不失时机地表明你与领导兴趣相投，是再好不过了。领导怎会不欣赏那些与他兴趣相投的人呢？也许你大方、自信的形象，会在领导心中留下深刻的印象，从而对你加以重用。

有三个年龄相仿的年轻人，他们学历相当，工作时间先后相差不到一个月，并且在同一家公司任职。不过他们现在的处境却不尽相同：甲仍旧是一个普通职员；乙已经成了一名小主管；而丙最为出色，现在已经被调到总部做了总裁助理。

有一次，三个年轻人聚在一起讨论个人前途的时候，说出了下面一番话。

甲说："早在进入这家外资大公司做白领时，我就已经满腔抱负，但是一直都没有得到上级的赏识。要是有一天能够见到老总就好了，我一定要好好展示一下自己的才干。"

乙说："我也有这样的感觉，所以我经常去打听老总上下班时间，算好他大概会在何时进电梯，我也在这个时候去坐电梯，幸好遇到了老总，我跟他打过几次招呼。"

丙则说："机会从来都是创造出来的。我花费了一些时间了解到老总的奋斗历程，弄清了老总毕业的学校、人际风格以及关心的问题，并精心准备了几句简单有分量的开场白，再算好时间去乘坐电梯，跟老总打过几次招呼。结果，终于有机会和老总长谈了一次，不久后，就争取到了更好的职位。然后慢慢努力，发展到现在的职位。"

丙就是通过这么一次谈话，让自己获得了成功的机会。而他成功的关键在于，他不但主动为自己寻找和领导沟通的机会，还提前了解领导有哪些特别的沟通倾向，从而才产生了一次成功的谈话。

一般而言，领导都会欣赏肯主动与自己沟通的员工。但大多数人都存在这种误解：认为处理上下级关系是领导的事，应该由他来赏识我、器重我，调动我的积极性，我们作为下属不应该去操这份心，只要自己做好自己的工作，领导自然能够看得见，就会来找我们沟通。当然这种情况是存在的。但是，如果一个员工，懂得主动找到领导沟通，表达自己的见解与才能，可以为自己赢得更多的机会以及比领导来找自己沟通的效率高得多。

作为下属，积极主动地与领导交谈，能够渐渐地消除彼此间可能存在的隔阂，并使自己与上级关系相处得正常、融洽，而且还能把自己的能力及想法表现出来，为自己争取到更多的机会。

汇报工作是一种交流方式

有很多人，做自己的工作总是喜欢自己埋头苦干，等到完成的时候，才向领导汇报整个事件。对于某些领导来说，会觉得你是一个独立的人。但是某些领导就会觉得，你这是不尊重他的表现。如果你的工作完成得令他满意还好，就怕一旦犯了错，恐怕等待你的就是领导严厉的批评了。

所以，为了表现出你对领导的重视，你应该勤于汇报工作。经常请示汇报工作，让领导知道你干了什么，效果如何，如果遇到困难和麻烦，领导还可在人力物力上支持你，比你埋头苦干要强上千百倍。

某市一家建材公司的王力从一个客户那里考察回来后，敲开了经理办公室的门。

"情况怎样？"经理劈头就朝王力问道。

王力坐定后，并不急于回答经理的问话，而是显得有些心事重重的样子。聪明的王力知道，他要汇报的情况，经理一定是不高兴的。经理从王力的表情已猜出了情况对该公司不利，于是改用了另一种方式问道："真没有挽救的可能？"

"有！"王力这次倒是回答得很干脆。

"谈谈你的看法！"

王力开始把他考察到的情况娓娓道来："我了解到，该客户之所以不用我们厂的产品，主要是已答应进另一乡镇建材厂的产品。"

"竟有这回事？"

"嗯。不过，我们的产品应该比乡镇企业的产品有优势，咱们的价格公道、质量好，在外已有一定的知名度。"

"对，一个小小的乡镇企业是无法和我们相比的。"经理打断了王力的汇报。"所以说，我们肯定能变不利为有利，最重要的是，当地的建筑公司，多年来只认我们公司生产的建材，我们可以直接到每个乡镇去走访，在每一个乡镇找个代理商即可。"

"小王，你想得真周到，不但找到了症结，还想到了解决问题的方法，要是厂里的职工都像你这样认真负责就好了。"

"经理太过奖了，能为公司分忧，是我们应尽的职责。经理你工作忙，我就不多打搅了，再见！"

不久，王力就被调到了销售科，专搞产品推销。该公司的建材销量，比历年来都高。王力也越来越被重视了。在向上司汇报工作的时候，不光是向他表述了整个工作的进度，同时还可以体现出你的办事能力。所以，汇报工作也是向领导表现自己的一种方式。你的说话水平决定了领导是否重用你、欣赏你以及获得升职机会。

与领导要时常交流，让他知道你对工作的看法和建议。汇报工作是一种很好的交流方式。在向领导汇报工作的过程中要注意：

（1）语气要平和，态度要端正。你在向领导汇报工作时要表现出一种谦虚谨慎、不骄不躁的样子。在语气上，要用平缓的语气，应避免慷慨激昂。

（2）抓住重点。汇报之前，你应先拟好汇报的主要内容，不能太简单，也不能太啰唆，关键的话题要说到点子上。没有哪一个领导会喜欢啰唆而又政绩平平的汇报者。

（3）对汇报的内容做多方面的准备。任何一个上司，都不可能只听你汇报而一言不发。有的领导在你汇报工作时，喜欢向你提问，从而打断你的汇报。这时你应停下来，耐心地回答领导的提问，不要认为工作没汇报完，失去表现的机会。领导插问，也是对你重视的一种表现。须知，你面对的是领导，而不是你的下属。你应耐心地回答领导的提问，然后再巧妙地接上你未汇报完的内容。

赞美领导有讲究

每个人都喜欢得到别人的赞美，领导也不例外。但是赞美领导比别人更讲究技巧，如果你能很好地掌握其中的技巧，恰当且含而不露地赞美领导，会增加你与领导的感情，缩短与领导的距离。

说到称赞领导，可能有人会想到献媚讨好、阿谀奉承领导，其实这是两个截然不同的概念。我们在称赞领导的时候，是对他的能力、成绩及为人处世的态度的一种肯定，这是需要有一定事实根据的，而不能说谎话、说大话、脱离实际。只是在某些时候，为了能够起到更好的效果，可能会略微地做一些修饰，但这也应该在人们能够理解和接受的范围之内，不能过火。

某交通局局长喜欢开车，常常自己驾车，并乐于谈论车技。一次，他的司机老李不慎在驾车过程中扭伤了腰，局长让老李坐车，自己开车。当时正值下班高峰，路上交通拥挤，但局长的车开得稳而不慢，这时老李开口说："局长，想不到您的车技这么好，在这种情况下开得这么快，比专业司机还棒。"

这句由衷的赞美之辞使局长非常高兴，并夸老李很有眼光。从此，局长与老李之间的关系更加融洽了。

巧妙的赞美是下属与领导搞好关系的"润滑剂"，同时给自己工作也带来很多便利。赞美的妙用随处可见，但用错了却也会让你弄巧成拙。

某公司的总经理在抓好公司业务的同时，结合自己的工作实践撰写了一本《经商之道》的书稿。部门经理这样称赞道："您在企业工作真是一个错误的选择。如果专门研究经营管理，我相信您一定会成为商务管理的专家，会有更加突出的成果问世。"

　　总经理听完部门经理的一席话，不满地说："你的意思是说我不适合做公司的总经理，只有另谋他职了。"见总经理产生了误解，本来想给总经理"戴高帽"的部门经理吓得头冒虚汗，连忙解释说："不，不，不，我不是这个意思，我是说……"

　　还是秘书过来替部门经理打了个圆场，说道："部门经理的意思是说您是个多才多艺的人，不仅本职工作抓得好，其他方面也非常出色。"

　　总之，赞扬领导要适度，要因人而异。恰当地赞美领导，才能够让领导觉得自己很优秀，这样不但能够让领导乐于接受你的赞美，还能使领导记住你。

　　首先，赞美领导先要了解领导的个性心理。领导者首先是一个人，作为一个人，他有他的性格、爱好，也有他的作风和习惯。下属只有了解领导的个性心理，才能在赞美的时候恰到好处。不要认为这是为了"低俗"地迎合领导，其实这样可以更了解领导，可以更好地沟通。你要找出领导的优点和长处，在适当的时候给领导诚实而真挚的赞美。

　　其次，抓住领导的心理。虽说赞美是一件好事，却并非是一件简单的事。每个人都不会拒绝别人真诚的赞美，包括领导。但赞美的话一定要说得巧妙，不可过于流俗。

　　拿破仑对于奉承一向很反感，这一点他的士兵都知道。然而有一个聪明的士兵却对拿破仑说："将军，您是最不喜欢听奉承话的，您真是位英明的人物！"拿破仑听后不仅没有斥责他，反而十分受用。这位士兵之所以能赞美成功，就是因为他了解拿破仑的脾气秉性，深知拿破仑讨厌奉承话，但他又很聪明，准确地赞美了拿破仑的"闪光点"。

　　现实生活中，有人精通赞美之法，有人却不会赞美别人。大文豪萧伯纳曾说过："每次有人吹捧我，我都头痛，因为他们捧得不够。"可见，赞美人人都爱听的，关键是赞美的人能不能说得巧。

　　最后，赞美领导的话要有独到之处。对你的领导而言，可能有一些赞美是他经常听到的，这些赞美往往是针对他最突出、最明显的特点的，如外表看来比实际年龄更年轻、相貌英俊、气质不凡等。这些赞美话，对他而言已听过很多次，甚至已成为习惯了，再听到同样的赞美，其效果必然会很一般，容易被领导看成是常规的客套，而不再具有特定的意义，甚至还会因此认为你对他没有比较深入的了解。所以，要经过仔细观察总结，再来赞美领导，虽然花费的心思多一点，但是效果肯定不止好一点点。

领导的玩笑可不能乱开

在职场中，很多人都喜欢相互之间开开玩笑，这样不仅可以活跃气氛，还可以拉近彼此间的距离。但是同事之间相互开玩笑倒也还好，就是有些人和同事开玩笑开习惯了，面对领导也无所禁忌。殊不知，这种"没大没小"地对着领导开玩笑，说不定就成了自己职业发展的阻碍。

丹丹是某公司的报关员，更是个聪明活泼的女孩子。她脑子快、言辞犀利，并且还具有丰富的幽默细胞，是公司的一颗"开心果"。可是这么优秀的丹丹，在公司里却得不到经理的青睐。

丹丹工作相当认真努力，有时为了赶时间，一大清早就要赶到海关报关。满身疲惫回到办公室，经理不但不体谅她反而还不断地不分青红皂白地说她迟到、旷工，不管丹丹怎么解释都不行。丹丹委屈极了，就向有经验的人求教。有经验的人问她："你是不是平时在言辞上对他不敬啊？"

这么一问，丹丹就想起了一些的事情，自己平时就爱与同事开玩笑，后来看到经理斯斯文文，对公司里的员工总是笑眯眯的，胆子一大，就开起了经理的玩笑。一天，领导一身崭新地来上班了，灰西装、灰衬衫、灰裤子、灰领带。丹丹夸张地大叫一声："经理，今天穿新衣服了！"经理听了咧嘴一笑，还未曾来得及品味喜悦的感觉，丹丹就又接着说了一句让领导十分不爱听的话："像只灰耗子！"

又有一天，客户来找经理签字，连连夸奖经理："您的签名可真气派！"这时，丹丹正好走进办公室，听了之后便一阵坏笑："能不气派吗，我们经理可是暗地里练习了三个月了。"丹丹这句话说出口之后，经理和客户便同时陷入了尴尬的局面。

由丹丹身上所发生的事情可以得知：开玩笑确实可以拉近同事间的距离，缓和人际关系。但是同事之间相互打趣对方，大家也就不太在意。但是对于领导，被下属打趣会产生一种被冒犯的感觉。这就是丹丹虽然聪明能干、却得不到重用的原因。

你一定要记住这句话：领导永远是领导，不要期望在工作岗位上能和他成为朋友。即便你们以前是同学或是好朋友，也不要自恃过去的交情与领导开玩笑，特别是在有别人在场的情况下，更应格外注意。所以，不要随便开领导的玩笑。想和领导拉近距离，我们可以通过得体的语言或者巧妙的赞美，而不是通过这种冒犯领导的方式。

如果你在办公室工作，无论日后是想仕途得意平步青云，还是想就此默默无闻地过太平日子，都有必要注意开玩笑的艺术，哪怕是最轻松的玩笑话，都要注意掌握分寸。

把决定权让给领导

我们都知道，领导作为上级，就是做决定下命令的人。但是很多员工，却常常故作聪明，忘却了这一点。这样做的后果，不但你的决定会被领导否决，还会因此得罪领导。

《三国演义》里有这样一则故事：曹操怒斩杨修。曹操屯兵日久，想进军被马超拦路，想退兵又怕蜀兵耻笑。这天，厨师送来鸡汤，曹操见碗中有鸡肋，恰好夏侯惇来请示夜间口令，曹操随口说："鸡肋，鸡肋。"夏侯惇传令，口令为"鸡肋"。行军主簿杨修就让手下军士收拾行李，准备回家。夏侯惇得报，问："你为什么收拾行李？"杨修说："因为听到今夜的口令，知道魏王不久就要退兵。鸡肋吃着没有肉，扔了又可惜。魏王进不能胜，退怕人笑，在此无益，不如早归。"听罢，夏侯惇与众将都准备回家。曹操夜间巡营，见此情况，一怒命武士杀了杨修。原来，杨修才高，为人狂放，常犯曹操的忌讳，又与曹植关系密切，常教曹植难倒曹丕，甚至难倒曹操。曹操早想杀他，正好以扰乱军心的罪名杀了他。

由这则例子可以看出，曹操当时对进兵还是退兵犹豫不决，遂以"鸡肋"为号，但并未下令退兵，但杨修自以为洞察了其真实意图，自作主张，视领导权威于不顾，是其罪名一也；大军初败，军心、士气为重，杨修扰乱军心，是其罪名二也。由此联想到，作为一名员工，不要以自己的看法、想法来替代领导的指令，自作聪明反被聪明误。

在与领导进行语言沟通时不要代替领导做出决定，而是应该引导领导，让领导说出自己的决定。

　　徐成年轻干练、做事踏实，入行没几年，职位便一路高升，很快成了单位里的主力干将。几天前，新领导走马上任，上任伊始，就把徐成叫了过去："小徐，你经验丰富，能力又强，这里有个新项目，你就多费心盯一盯吧。"

　　受到新领导的重用，徐成自然就干劲儿十足。恰好这天要去上海某周边城市谈判，徐成一合计，一行好几个人，坐长途公交车不方便，人也受累，会影响谈判效果；打车吧，一辆坐不下，两辆费用又太高；还是包一辆车好，经济实惠还方便。

　　主意定了，徐成却没有直接去办理。几年的职业生涯让他懂得，遇事向领导汇报一声是绝对有必要的。于是，徐成来到领导办公室。

　　"领导，您看，我们明天要出去谈判，"徐成把几种方案的利弊分析了一番，接着说，"所以呢，我决定包一辆车去。"

　　汇报完毕，徐成发现领导的脸不知道什么时候黑了下来。领导生硬地说："是吗？可是我认为这个方案不太好，你们还是坐长途车去吧。"

　　徐成愣住了，他万万没想到，一个如此合情合理的建议竟然被否决了。

　　"没道理呀，傻瓜都能看出我的方案是最佳的。"徐成大惑不解。

　　徐成凡事多向领导汇报的意识是很可贵的，可他错就错在措辞不当。徐成最后说的是"我决定包一辆车"。在领导面前说"我决定如何如何"是非常不明智的。如果徐成这样说："领导，我们现在有三个选择，各有利弊。我认为包车比较可行，但我做不了主，您经验丰富，帮我做个决定行吗？"领导听到这样的话，自然就会顺水推舟，答应这个请求。这样岂不是两全其美？

　　在职场中，聪明人永远不会代替领导做决定，而是让领导来决定。

向领导建议要注意方式

历史故事中，有很多将不如卒、君不如臣，而明卒、名臣常常被昏将、昏君打压、谋杀的故事。在职场中也常常存在这样的现象，虽然职场中很多领导未必就是"昏将""昏君"，但是他们也不是万能的，有些问题他们也可能解决不了，需要别人给他们建议。

对于那些强力相谏的人，领导头疼的不是他提的意见，而是意见的提出方式。

"经理，您刚才说的观点完全错了，我觉得事情应该这样处理……"或者"经理，您的办法我不敢苟同，我认为……"这些方式首先否定了经理意见的全部，作为领导来说自然会觉得脸上挂不住，不管你后面说得多么好、多么正确也无法打动他，因为他从一开始就产生了抵制下属意见的思想。

如果你能抓住领导意见中的某一处被你所认同的地方，来加以肯定，然后再提出相反的意见则易被接纳。因为你一开始肯定上司意见的某一处价值，就已打开了进入上司脑中意见库的大门。例如："经理说得对，在产品质量方面，我们的确应当给予充分的重视，这是解决问题的前提之一，我认为除此之外，我们还应当……"后面提出观点，尔后重点在于论证过程，通过说理和举例指出不这样做的后果，让领导意识到你的观点从实践上更加可行。

结束发言之时，别忘了强调你提出相反意见的出发点。

"我想，如果真能这么做的话，排除这个问题是不费吹灰之力的，公司也能以更高的速度发展。"听了这话后，领导就会意识到你的一切意见的最终目的，都是为了公司的前途，也就是大家的前途。

实际上给领导提意见其目的无非是想让领导接受，既然这样就要提高意见被采纳的效率，也就更应该注意给领导提意见的方式、方法。历朝历代那些勇于进谏、善于进谏、精于进谏的人，不仅仅是因为意见正确，而是非常注重让领导能够听进去，能够说服领导采纳意见。所以，不是不能给领导提建议，而是要注意给领导提建议的方式方法。

首先，注意选择好时机和场合。如果你要提的建议有助于解决领导正在认真思考的问题，那么很显然，你在这个时候提出的建议一定会引起他的重视。而且，领导在情绪良好的时候一般更容易接受你的意见。还有，给领导提建议时，无人在场要比有人在场好，除非你有把握相信其他人会支持你的建议，并且领导对他们的支持反应良好。

其次，提建议的时候要尽可能避免打扰领导的日常工作。通常的方法是，事先做好大量与建议有关的工作。例如，如果你认为领导应该通知生产部门注意某些顾客对产品质量的抱怨，那么，你可先试着为领导起草一份材料。如果你很了解领导的话，你在提建议的时候就可以把这份材料交给他。一般而言，让领导签字总比让他撰文要容易得多。

把握领导的自负心理，谦虚地提出你的建议和意见，才会让领导听进去，至于做不做那就是另外一回儿事儿了。

巧妙地指出领导的错误

　　世界上没有人喜欢被人批评，尤其是作为领导，被自己的下属批评。但是没有"批评"就没有改正，如果我们发现领导错了而没有及时指出来，最终造成公司的损失，我们也还是脱不了责任。所以，很多时候，我们不得不批评对方，即使是自己的领导，或者是至尊无上的帝王。此时，若没有像魏徵大丞相的胆识，就一定不要尝试严词力谏，还是应该巧妙地指出领导的错误。甘罗的爷爷是秦朝的宰相。有一天，甘罗看见爷爷在后花园走来走去，不停地唉声叹气。

　　"爷爷，您碰到什么难事了？"甘罗问。

　　"唉，孩子呀，大王不知听了谁的挑唆，硬要吃公鸡下的蛋，命令满朝文武想法去找，要是三天内找不到，大家都得受罚。"

　　"秦王太不讲理了。"甘罗气呼呼地说。他眼睛一眨，想了个主意，说："爷爷您别急，我有办法，明天我替你上朝好了。"

　　第二天早上，甘罗真的替爷爷上朝了。他不慌不忙地走进宫殿，向秦王施礼。秦王很不高兴，说："小娃娃到这里捣什么乱！你爷爷呢？"

　　甘罗说："大王，我爷爷今天来不了啦。他正在家生孩子呢，托我替他上朝来了。"

　　秦王听了哈哈大笑："你这孩子，怎么胡言乱语！男人家哪能生孩子？"

　　甘罗说："既然大王知道男人不能生孩子，那公鸡怎么能下蛋呢？"

　　虽然人人都知道公鸡是不能下蛋的，但是若有人据理力争，大骂秦王昏庸，恐怕后果就很严重了。有时我们指出领导的错误，不见得非要义正词严，因为你要尊重领导，还要为领导的威严着想，顾及领导面子。中国人酷爱面子，视尊严为珍宝，有"人活一张脸，树活一张皮"的说法，做领导的更爱面子。身为领导，要树立起权威，若不慎做了错误的决定或说错了什么话，下属直接指出领导的错误，无疑是向他的权威挑战，会让他很没有面子。相信一个最宽宏大量的领导也无法忍受。

金无足赤，人无完人，领导也有错了的时候。这时候，你要装作不知道，事后尽力去弥补就是了。有些人直言快语，肚子里放不住几句话，发现领导的疏漏就沉不住气。某公司召开年终总结大会，主任讲话是出了个错，他说："今年本公司的合作单位进一步扩充，到现在已发展到46个。"话音未落，一个下属站起来，冲着台上讲得眉飞色舞的主任高声纠正道："讲错了！讲错了！那是年初的数字，现在已达到63个。"结果全场哗然，主任羞得面红耳赤，情绪顿时低落下来。

领导有错时，不要当众纠正。如果错误不明显，不关大局，其他人也没发觉，不妨"装聋作哑"，等事后再予以弥补。不要在公众场合或同事的面前跟领导顶嘴，否则会弄巧成拙。因为有些领导极重"面子"即使明知自己错了，也拉不下脸当众承认，如果你穷追猛打，在大家面前让他出丑的话，吃亏的只会是自己。

而且，消极地给领导保面子不如积极地给领导争面子。如果发现领导有某种错误或不妥之处，可以在一对一的情况下，或下班后委婉地向他提出，但要特别注意不可过分强调，以免引起他的反感。在交谈中要时刻注意他的反应，如果他表现出满脸的不高兴，或找出各种理由极力为自己辩解，你就要立即停止，不可再三提示他的错误。如果听完你的提示，他承认自己所犯的错误，并为此表示烦恼，你可以找出适当的借口为他开脱、打圆场，使他得到心理上的安慰，这样他会把你看作知心人，自然会对你加以重用。

善于言辞有利于自我提升

对于在职场打拼的年轻人来说，勤勤恳恳地工作无非就是为了升职加薪。但是，有时候你的努力付出可能被领导看到，而获得你想要的嘉奖；而有的时候，你的辛勤付出并不一定就能被领导看到，更不会主动为你升职加薪。所以，假如你想升职加薪，仅靠消极等待是不可能实现的，必要时可采取积极、主动的方式向领导提出你的要求。但是，对于大多数年轻人来说，向领导要求加薪是一件非常难开口的事，担心要求被领导拒绝，在以后的工作中对自己刻意挑剔。

其实，向领导提出加薪的要求并没有大家想象中的那么难，只要你认为加薪是合理的，你就有权提出。但是，当你向领导提出加薪的要求时，要注意说话的方式，语言必须委婉慎重，学会以商量的口气说话。最好是巧妙地、有技巧地把自己的意图传达给领导，就算万一不被领导接纳，也不至于让双方陷入尴尬的局面，以致影响日后的相处。

张扬是某公司的行政助理，她已经在这个公司工作 4 年了。可是工资并不理想，她想让老板为自己加薪。于是在一个上午，她瞅准老板一人在办公室看报纸的机会，敲门走了进去："老板，我有个小小的要求，不知您是否会答应？"张扬一副微笑的面孔对着老板，缓缓说道。

"什么要求？说说看！"

"我……我现在已经是个老员工了，但由于生活所迫，经济压力较大。您看能不能给加一些工资？"

"可你对业务还不太熟悉，这恐怕不太合适吧。"老板面有难色。显然，这是老板的托词。一个人在一个公司工作 4 年，怎会对业务还不熟悉呢！

张扬不动声色，微笑着回答老板的疑问："老板，业务我可以慢慢熟悉。如果您同意我这个请求，我会好好珍惜，一定不会让您失望。"

听张扬这么一说，老板面色缓和了许多，问道："你希望工资上调多少呢？"

"我现在的工资是 1600 元，您看 2000 元合不合适？您放心，我一定不会让您失望的。"张扬很自信地回答道。

老板想了想说："那你先试试吧。小张，我可是要见到你的工作成绩呢！"

"谢谢老板给我这次机会，我一定不会辜负您的期望！"张扬响亮地回答。

就这样，两个星期以后，张扬如愿以偿地拿到了自己所期望的工资。

以商量、倾诉的语气向领导陈述自己的意图，领导愿意聆听，并且询问你工作上遇到的问题，只要你工作出色，最终有可能会为你增加薪水。作为一名刚刚进入职场或在职场打拼几年的年轻人来说，要敢于向你的领导提出加薪或者升职的要求，要敢于争取自己的利益。

向领导提出加薪要求时，你应当语气平和，面带微笑地陈述你的主要理由。然后再委婉地提出你的要求，尽量多用征询的话。向领导提加薪要求时还要选准时机，最好是在领导心情愉快、较为空闲的时候，这时候你的要求被接受的可能性较大。

当你觉得你个人的能力和付出，已经不值现有的工资和职位，就大胆地向领导提出你想要升职加薪的想法吧。

第六章

怎样与同事顺畅沟通

在办公室，复杂的人际关系主要表现在说话方面。因为我们每天和同事之间都有语言上的交流。说什么、怎么说，什么话能说，什么话不能说，都应"讲究"。大多的情况下，有些人吃亏就是因为没有掌握说话的艺术。而那些在办公室深得人心的人，是因为他们深谙办公室的说话之道。

办公室的说话之道

　　办公室中的人际关系纷繁复杂，只要你稍不留神就会被卷入是非之中。我们在工作中都希望自己能够和同事和谐相处并友好地交流，因为这样做，可以使自己在职场上获得更多的帮助，使自己的工作更容易开展。

　　在工作中，我们每天相处得最多的人就是同事了。办公室里的同事之间每天都发生着这样或那样的事情，有些事简单，有些事复杂，但关键就在于大家怎么说。比如，明明简单的事，可能说的人，没有分寸，就被传来传去说成大事了；有的事虽然复杂，但是谈论的人很有技巧，让这大事就在这语言中大而化之了。这就是语言的艺术。不管你是这些事件的主角，还是个看客，有时候你也不得不参与到其中，因此，掌握一些办公室说话的分寸和原则，在同事中塑造受欢迎和被欣赏的形象是至关重要的。

　　其实在办公室，有些时候我们每天和同事之间难免有话要说。说什么、怎么说，什么话都能说，什么话不能说，都应"讲究"。可以这样说，在办公室中"说话"更需要讲究。大多的情况下，有些人吃亏就是因为没有掌握说话的艺术。

　　善于言辞的人，可以使自己在办公室中与同事的交往如鱼得水。语言是人类的栖居之地，做个善于言辞的人，在办公室中掌握与同事交往的语言技巧，会使你的职场发展得更加顺利。这里所谓"善于言辞"的人并不是指那种擅长讨价还价的人，或者是总能在争论中胡搅蛮缠一大筐，无理也能辩出三分的人，而是指能够因时、因地、因人而动，善于用语言打动人心，使对方感到或震撼，或信服，或同情，或感激，从而能在整个说话过程中掌握主动权，使自己的意思较顺利地得以传达的人。

同事间交流、沟通，协力合作离不开语言媒介，而这种语言又不同于家居、生活中与妻子儿女，兄弟姐妹间所使用的语言，后者带有更大的随意性和偶然性，而前者要注意分寸、讲究方式方法。

1. 注意分寸、讲究方式方法

身处办公室内，无论和谁说话，你都要注意分寸、讲究方式方法，最关键的是一定要得体。不卑不亢的说话态度，优雅大方的肢体语言，文明礼貌的语言……这就是语言的艺术，掌握这门语言艺术，你才能在同事交往中表现得更加自信。

2. 语气温和，态度和蔼

在办公室里和人讲话，语气一定要温和，态度要和蔼，要让同事们觉得你有亲切感，而不是刚一开口就把别人呛回去，更不要用命令的口吻和同事沟通。与同事说话时，你不要用手指指着对方，那样会让人觉得你很没有礼貌，或是让人觉得你是在侮辱对方。如果大家的意见不统一，你不能自以为是地强迫别人听从你的意思，有意见可以保留，对于那些原则性不是很强的问题，不必争得面红耳赤、你死我活。在办公室里，不能否认，有些人的口才很好，如果你要想展现自己，可以用在商业谈判上。如果你经常在办公室里逞口舌之利，同事们自然就会疏远你，说不定还会被大家孤立。

3. 收敛锋芒，谦虚谨慎

如果你是一位很有能力的人，你就可以在同事面前锋芒毕露了吗？如果你是领导眼中的红人，你就可以扬扬自得了吗？如果你的工资或者奖金比同事多，你就可以大肆炫耀了吗？如果你希望和同事们相处很好，最好不要这样做。即使你能力再强也要谦虚谨慎，尤其是在职场上，你这种骄傲自满、扬扬得意的样子，只会招人厌。

4. 不抱怨不埋怨

办公室里永远会有这样一些人，他们喜欢胡侃乱说，并以直性子为借口，经常向别人抱怨这个领导太势力，诉苦那个领导太苛刻。这样虽然能够很快拉近你与其他同事间的距离，加深你们之间的友谊。但据心理学家研究表明：事实上只有1%的人能够对秘密守口如瓶。当你对领导、同事有成见时，最好不要在办公室一吐为快。要是哪天传到当事人的耳朵里，那你就后悔莫及了。如果确实觉得自己受了委屈，你不妨选择在下班以后，找三五知己坐下来好好说说。

会说的人总是更容易融入环境

很多人，面对新工作的时候最担心的问题是：当从一个环境转调到一个新环境中，面对的同事都是陌生的，但是现在很多工作都不是独立完成，需要和别人团结合作，如果不尽快融入群体之中，对开展工作也会有很大影响。

在人们的内心深处，对外来及新来的人多少都有些排斥心理，你如果聪明的话，首先应抛开自己对他人的陌生感、畏惧心、戒备心等。一方面多多拜访你的新同事，另一方面专注地投入你的新工作之中。这样的话，人们很快会适应你、接受你，因为你的拜访说明你对他们有兴趣，喜欢和他们结交、相识。同时你的专心投入，也使他们认为你是个很认真，并喜欢你的新职业的人，表明你在各个方面都力求和他们保持一致，所以他们会很快消除对你的排斥心理，愉快地把你作为他们中的一员。

有一次，某单位同时调进两个人——田华和王宇，其中田华是个性格开朗、爱说话的人，王宇则显得严肃而沉默寡言。

田华虽然看似开朗、爱说话，但似乎目中无人，来到新单位很久了，不但没有拜访过任何人，而且工作当中也从未向别人讨教过，也许他认为有能力干好自己的工作。大家认为，此人能调来本单位，一定是上面有什么人，看他那样子，也不像是个能干好工作的料儿。我们干了这么多年这种工作，还免不了要互相请教、学习，可他新来的，不经过学习就能把工作干好？

相反，大家对那个沉默寡言的王宇却大力赞扬，认为他相当不错，有思想、有见解，对于工作方面的许多设想和看法都和自己不谋而合，因此从内心里接受他做朋友。

原来，爱说话的田华自从调来单位，除在办公室见面应酬之外，工余时间他从未和别人交谈过。王宇在办公室却很少寒暄，总是低头工作，而工作之余的时间，却问长问短，逐家拜访、了解，打听新环境、新单位的一些情况，顺便也提出许多工作上的问题进行讨教，所谓"一回生，二回熟""人敬我一尺，我敬人一丈"就这样，很快就融入集体中了。

虽然自古以来"君子之交淡如水"，但"礼尚往来，有礼有节"。人与人之间就是通过来来往往、反反复复地交谈、沟通增加彼此间的了解，同时也增进了友谊。

一个人在工作中是否有人缘，是否善于和同事们打交道，是否能够按照自己的愿望尽快地完成工作任务，达到所需目的，在较大的程度上主要取决于这样一个过程的顺利完成，即相互间思想、感情、意见的交流过程，心灵与心灵、精神与物质的沟通过程。

身在职场中，如果你想搞好和同事间的关系，融入大圈子，最好的方法就是利用业余时间多和同事交流！多向他们学习、讨教，通过你的话语，要让人们知道，你需要他们的帮助，你需要他们的友谊。如果你能做到这些，那么还会有谁能拒绝你伸出的手呢？

口头上的胜利占不得

有些人，争强好胜惯了，不论跟人争什么都喜欢赢。在日常生活中，争执可以说是到处都存在着，一场电影、一部小说、一个特殊事件、某个社会问题，甚至某人的习惯、发型或者服饰都有可能引起争执，有些人不管对方观点如何，都会坚持自己的观点正确的，也非说得对方哑口无言才肯罢休，甚至对方都哑口无言了，他还要添一句"看吧，我就说是这样的嘛"。你以为你赢了，你以为你占到便宜了，事实上呢？

看完下面这个故事，也许你就能明白了。

第二次世界大战刚结束的一天晚上，卡尔在伦敦得到了一个极有价值的"教训"。有一天晚上，卡尔参加了一场宴会。宴席中，坐在卡尔右边的一位先生讲了一段幽默的笑话，并引用了一句话，意思是"谋事在人，成事在天"。他说那句话出自《圣经》，但他错了。

卡尔知道正确的出处。为了表现出优越感，卡尔一本正经地指出那句话应该是出自莎士比亚。那人立刻反唇相讥："什么？出自莎士比亚？不可能，绝对不可能！那句话肯定是出自《圣经》。"

那位先生坐在卡尔的右边，卡尔的老朋友弗兰克·格蒙坐在他的左边。格蒙研究莎士比亚的著作已经有很多年了，于是他们都同意向格蒙请教。格蒙听了，在桌下踢了卡尔一下，然后说："卡尔，这位先生说的没错，那句话确实是出自《圣经》。"

那晚回家的路上，卡尔对格蒙说："弗兰克，你明明知道那句话出自莎士比亚。"

"是的，当然。"格蒙回答道，"《哈姆雷特》第五幕第二场。可是，亲爱的卡尔，我们是宴会上的客人，为什么要证明他错了？那样会使他更喜欢你吗？为什么不给他留点儿面子？他并没有问你的意见，他不需要你的意见，为什么要跟他抬杠？一个人应该永远避免跟别人正面冲突。"

在职场中，我们常常会和同事进行讨论，如果观点相同，倒是能让彼此愉快和谐地结束；如果观点相悖，这场讨论就会升级到争论，各自持着自己的观点非争个输赢不可。其实，无论谁输谁赢，这都是一场输的争论。即使你善于雄辩，每次都能把对方说得哑口无言，那也只能说明你只是嘴巴很厉害而已。而事实上，这样的人其实是不善于言辞的表现。因为一个人在口头上战胜了别人，反而会伤了对方的自尊心，即使对方口服，但是心里可能不服，甚至心里会对你产生怨恨的情结。如此一来，你的职场人际关系反倒不好了。

永远记住办公室是办公的地方，在处理公事上难免有意见不合的时候，所以与同事意见不合时平心静气地就具体的问题商量讨论，站在对方的立场来着想，让对方想要与你合作，客观地说明利害关系，凡事以公司的利益为重。这样一来，别人自然会认为你公正又讲理，愿意毫无顾虑地与你合作。假使你每次和同事意见不合，都非要用激烈的言辞说服对方，久而久之，大家都会对你产生好胜的印象，而不愿与你合作了。此外，在交谈中，我们还应当避免争论的话题，即使你对这个话题有坚定不移的立场，最好也不要提起，因为争论很容易造成敌对心理，争执双方很快会陷入"竞争状态"，舌剑唇枪，互不相让，很少有人能对敌对者的攻击采取温和的反应，所以最好不要使善意的讨论变成争论。

实话实说常常不讨好

在工作中，我们常常少不了和同事们交流，但是这交流的过程是很讲究语言艺术的。有些人在办公室常常不受大家欢迎，就在于常常不知道说话的艺术，总是喜欢实话实说。比如，你的同事穿了件新衣服，别人都称赞她的衣服非常漂亮，或者是穿上去变得越来越年轻一类的话，可当人家问你感觉怎么样的时候，假如你直接回答说："你身材太胖，不适合。"或者说："这件衣服的颜色不合适你的肤色，你穿上去一点都不漂亮。"这话一出口，不仅会使穿衣服的人不开心，而且连原先赞美她的同事也觉得很尴尬。尽管你说的是事实，但是缺乏艺术性以及技巧性。这种实话实说的方式，常常让你在不知不觉中得罪了很多人。

王芳在职场上已经"混"了好些年了，也遇到过各种各样的人和事，本来应该也算是一个"职场老手"，但不知为什么，她总是很容易得罪人。她心里总搁不住事儿，有什么就说什么，从来不会隐瞒自己的观点。

有的同事把茶水倒在纸篓里，弄得一地是水，她会叫他不要这样做；有的人在办公室里抽烟，她会请他出去抽；有的人爱没完没了地打电话，她就告诉她不要随便浪费公司的资源……她这样做是好心，因为如果让经理看见了，不是一顿责骂，就是被扣奖金。

可是，好心没好报，她这样做的后果是把同事们都给得罪了。每个人都对她有一大堆的意见，甚至大伙儿一起去郊游也故意不叫她。

有一次她实在气不过，就向经理反映，没想到经理也不怎么支持她，非但没有批评有错误的人，反倒弄得她在公司里更加被动。她非常想不通，明明我是实话实说，为什么结局是这样的？难道做人就一定要虚伪做作吗？

王芳的这种情况其实是很普遍的。人们的日常生活离不开与人打交道，如果与自己的同事关系处不好，又要天天见面，的确叫人难受。从上述事例来看，对于同事的一些缺点，实话实说本身并没有错，心胸坦荡、为人正直这是许多人都赞赏的美德。但问题在于，实话实说也要考虑时间、地点、对象以及其他同事的接受能力。所以，有时说话过于直率，言辞过于生硬会产生不良效果，不但达不到善意的初衷，而且有时反而会起副作用，给自己带来不必要的麻烦。如何才能避免这些情况的发生呢？

一般人都很爱面子，爱听赞扬的话，不妨为对方想想，不要只管自己说得痛快。尽管你是善意的，但是有些话也会伤害对方，有可能会造成对方的误解和怨恨。因此，在跟同事相处的时候，要反省一下自己是否说话不得体。如果是因为没有讲究方式方法，而造成同事关系的紧张，就要考虑自我调整，克服过于直率的毛病了。

对这一点，小李是深有体会的。刚上大学的时候，小李就是一个出了名的直肠子，宿舍的老三穿衣服勇于挑战色彩，有一天，她喜滋滋地穿了一件绿色的毛衣来问小李："我穿这件衣服漂亮吗？"小李斜了一眼："不，就像春天里的一棵大葱。"而老五的评价显然要比小李聪明得多："非常的超前，我刚刚看过一本时尚杂志，某位著名设计大师说绿色将是他下款设计的主打色……"尽管对于老三穿这件衣服的评价小李和老五都没有说谎话，但由于两人说话方式的不同引发的效果也就是截然不同的。小李的审美眼光从此被老三列入"农民"的一类，而老五呢，却因此而成了老三的知音！

时间长了，小李慢慢地发现，有的时候，说话的技巧好像比内容还要重要，即使学富五车，说话不得其法也是枉然。比如，人们其实只乐于聊自己感兴趣的话题，人们总希望自己的见解得到赞美和肯定，比起中规中矩、分毫不差的"科学性陈述"，人们更欣赏幽默话语……

　　我们在生活中，人与人之间交流是避免不了的，同时说话的双方彼此都希望对方能对自己实话实说。但在某些特定的场合和情况下，如顾及面子、自尊心以及出于保密等等，这种实话实说往往会令人尴尬，或伤人自尊心，或引发不必要的矛盾。因此，实话是应该说的，但更应该巧说。

管好自己的嘴巴

在工作空隙，聊天就成为办公室的人打发时间的主要形式，聊天的范围虽然不受限制，但它有时却显得非常关键。在办公室中，大家都处于竞争的状态，所以在说话的时候一定要注意，不要对什么事都打听，也不要胡乱说话。俗话说"祸从口出"，为了不给自己招惹麻烦，一定要管住自己的嘴巴，知道哪些话在办公室中不该说。

1. 薪水问题

探听别人的薪水，是每个公司的大忌。因为同事之间的工资往往都是有差别的，"同工不同酬"是老板常用的一种奖优罚劣的手法。但这个手段是把双刃剑，如果使用不当，很容易使员工之间产生矛盾，而且最终会将矛头直指老板，这当然是他所不想见到的，所以他对好打听薪水的人总是格外防备。

有的人打探别人时喜欢先亮出自己，比如先说"我这月工资多少，奖金多少，你呢？"如果他比你薪酬多，他会假装同情，心里却暗自得意。如果他没有你收入多，他就会心理不平衡了，表面上可能是一脸羡慕，私底下往往不服，这时候你就该小心了。

首先你不要做这样的人，其次如果你碰上这样的同事，最好早点做好准备。当他把话题往工资上引时，你要尽早打断他，以公司的规定来使其闭嘴；如果他已经提了，就用幽默语言来处理。你可以说："对不起，对这件事我不想发表任何言论。"有来无回一次，他下次就不会问了。

2．人生理想

不要在办公室里谈你的人生和理想。既然你是在打工，那就安心打工吧，雄心壮志的话可以在你自己的私密空间和家人、朋友说。在公司里，不要没事时整天念叨"我要当老板，我要创业"，这样说，很容易被老板当成敌人，或被同事看作异己。

如果你在办公室里说，"在公司我的水平至少够副总"或是"35 岁时我一定能干到部门经理"这样的话，很可能就将自己放在同事的对立面上。你公开自己的进取心，就等于公开向公司里的其他同事挑战。

做人要低调一点，是自我保护的好方法。你的价值体现在做多少事上。虽然现在的社会讲究表现自己，但是在该表现时表现，不该表现的时候就得低调做人。俗话说，"胸有激雷而面如平湖者，可拜上将军"，所有成大事者都是低调的人。

3．私人生活

如果你在生活中正在热恋或者面对失恋，你要隐藏你的情绪，千万不要把情绪带到工作中来，更不要把你的故事带进办公室。虽然你的话题很容易引起大家的关注，但那只是一时痛快。当你在说自己私事的时候，要知道说出口的话如同泼出去的水，再也收不回来了。日后如果遇到什么矛盾，你的这些隐私，很有可能就是别人攻击你的把柄。

同时也要注意，"己所不欲，勿施于人。"不在办公室说自己的私密，也不要打听别人的私事，更不要议论公司里的是非长短。你以为议论别人没关系，到最后很有可能引火烧身，等到火烧到自己身上，那时再"逃跑"就显得被动。

一定要牢记这句话：静坐常思自己过，闲谈莫论他人非。

4．别人的隐私

我们都很讨厌别人知道自己的隐私，而且在生活中由于探听和泄露别人的隐私所引发的矛盾数不胜数。所以，那些热衷于打听别人隐私的人是令人讨厌的。

大家都知道，在西方人的礼节中，"探问女士的年龄"被看成是最不礼貌的习惯之一，所以西方人可以对女士毫无顾忌地大加赞赏，却不过问对方的年龄，这是"不能说的秘密"。

如果在工作中你打算向同事提出某个问题，最好先想一下，看看这个问题是否会涉及对方的个人隐私，如果涉及了，要尽可能地避免，这样对方不仅会乐于接受你，还会为你得体的问话与轻松的交谈而对你留下好印象，为同事间的交往打下良好的基础。

5. 不要炫耀

我们在社会交往和工作中要对别人坦诚相待，但是并不是说要无原则地坦诚，而是要分人和分事的。哪些话该说哪些话不该说，心里必须有分寸。就算你刚刚新买了车子或利用假期去欧洲旅游了一次，也没必要在办公室里炫耀。有些快乐，分享的圈子越小越好。被人妒忌的滋味并不好受，因为容易招人算计。

总之，我们要想在办公室这个纷繁复杂的环境中求生存，想要在激烈的竞争中立于不败之地，那就需要我们掌握更多的说话技巧。这些技巧需要我们在工作中不断积累，最终才能提高自己。

不做办公室里的"小喇叭"

不难发现，似乎每个办公室都会有那么一个人，消息特别灵通，不论是谁谈恋爱交朋友，还是谁要升职离职，他（她）总是最早知道消息的那一个。对于"小喇叭"来说，一个人最先知道了最新消息肯定是远远不够的，必须要在办公室传播开来才显得出其成就感，结果就是——即使是办公室里消息最不灵通的人，也知道了。

但是有时候，明明一个很简单的事，被大家传来传去、添油加醋，最后完全变了味。比如，某办公室的小喇叭，看到公司的某经理和一个年轻姑娘在餐厅吃饭，然后跟同部门的同事一说。结果经过无数人的嘴，最后变成了"某经理和一个漂亮姑娘在餐厅里面吃饭，两人可亲热了"。事实上呢？只不过是这位经理的同学来找经理帮忙。

的确，在我们这个世界上，总是有很多人喜欢传播一些谣言、小道消息，并以此为乐。某个网站曾对上班族进行了一次问卷调查，竟然获得了一些使人啼笑皆非、又颇值得我们深思的结果。其中，当被问到"什么是吸引你每天上班的理由"时，竟有相当一部分人在"不上班，就听不到许多小道消息、谣言、流言、传言和谗言"之后打了勾。

俗话说"人多口杂"，在办公室里，形形色色的人聚在一起，难免制造出流言蜚语。而且现在网络如此发达，通过电子邮件、微信、QQ，什么消息立马就能在公司上上下下传播开来。有些小道消息作为茶余饭后的谈资，倒是可以让人在工作之余有个轻松的氛围。但是，在公司里、办公室中，这些消息是真是假、从何而来，基本上是没有办法弄清楚的，特别是一些涉及个人隐私的，比方说男女关系、家庭婚变、人事变动等，更是传播速度接近光速，这些其实都是办公室里的不稳定因素，影响整个部门的团队凝聚力，所以领导还是非常忌讳这种言论的。

媛媛是一家知名企业的行政助理文员，公司里的大大小小的事都逃不过她的眼睛和耳朵，幼稚的她总觉得了解公司内幕多是很有成就感的事，每次她传播消息的时候，听到同事说："媛媛，你消息真是太灵通了。"她就一股自豪感油然而生。

可有一次事情闹大了，事情关系到公司高层的名声，然后上面的人就派人来调查了。不用说，最后矛头都指向了媛媛。缓缓这时才意识到问题的严重性，但是，已经来不及了。公司不但开除了媛媛，她还因此给别人留下了极坏的印象。

办公室里难免会有各种各样的新闻，但是我们要学习守口如瓶，尤其在一些与领导、同事私生活有关的话题上。记住，滴水可以穿石，在关键时刻你必定会意识到同事们的信任有多么宝贵。如果你极其热衷于传播一些低级趣味的流言，至少你不要指望旁人同样热衷于倾听。那些"道不同不相为谋"的同事迟早会对你避而远之，更严重的是，如果被领导知道了，那些小道消息、流言蜚语总是来源于你，那你就会成为众矢之的了。别说是否还能在同事间有人缘，恐怕你的工作都保不住了。

巧言应对流言蜚语

不可否认，流言蜚语在办公室内十分常见，总是有一些人喜欢搬弄是非。当你不幸成为流言蜚语的对象时，你必须要尽快解决这一麻烦。当然，当你听到有人在背后传播你的流言时，你很生气，很想马上揭露他的真面目。但是，你最好不要这样做，因为大家是同事关系，你若做出绝交的姿态，最后吃亏的一定是你。你这样做别人就会认为问题出在你的身上，还会给对方留下伤害你的话柄，这是非常不明智的。而且你们在同一间办公室工作，每天上班的时候都和对方冷眼相对，这是会影响工作的，同时还会影响其他同事的工作，到时候大家会把责任归到你的身上。更何况领导一般都不喜欢发生下属因私事交恶而影响工作的情况。

一般应对流言有两种方法。一种是正面消除流言，马上制止流言。有时候正面消除流言蜚语是十分必要的，有些谣言传播得太久，就会被他人误以为是事实，因此，你可以与散布谣言者正面交锋，与其单独谈谈这一问题。

你可以把最先传播这个消息的人约出来，进行一次私下的交谈；也可以请一个中间人，以缓和你们之间的气氛。如果事态确实很严重，你们私下的交谈也无法解决这一问题，那你只好跟自己的领导讲清楚："这是我觉察到正在发生的事，我希望大家能见个面，坐下来好好谈一下。"你还可以直接找到制造谣言者，当面对他说："我知道你曾经说过……"如果那个人心虚，不敢面对你，他可能会说："哦，没有。""谁，我？"或者"这怎么可能呢？"这时，你可以趁机回答："好，我很高兴你没有说，我也不希望再听到这些谣言。"如果对方理直气壮，他也许会说："是的，那又怎么样?"这时，你可以问问他："你能给我说说你为什么会说这些话吗?"或者"我们能坐下很好地交换一下各自的想法吗?"这样，你们之间的问题也许可以得到解决，或缓解你们之间的冲突与矛盾。

第二种方法，就是以沉默应对流言蜚语，让流言不攻自破。路遥知马力，日久见人心，时间长了，谁是谁非自然也就不攻自破了。

张婷被北京总部派到上海开拓业务，很多谣言说她靠色相拿到了好的职位。张婷听了不动声色，也没有理会那些谣言，她给自己定下的首要任务，就是尽快熟悉上海的环境，熟悉新的业务，好好工作。后来张婷的工作业绩和对爱情的执着，让大家明白了先前的流言只是因为有人嫉妒而为。结果不出三个月，这样的流言就消失了。

明枪易躲，暗箭难防。办公室里难免有混浊的空气，所以即使我们自己坚守"清者自清""人正不怕影子斜"的人生格言，但是有时还是难免被"流言""暗箭"击中。当你不幸被流言击中，千万要冷静。语言是操练自己耐心的一种本领，巧言应对，让自己免于流言的伤害。

说对话让同事乐于帮助你

工作中，不管你学历有多高，或者你的业绩有多好，你都离不开同事的帮助。这是一个讲究团队合作的时代，有些事情不是你一个人就能完成的，我们总会遇到这样或那样的问题，需要向他人寻求帮助，所以在寻求帮助的时候，一定要善于言辞，才能让别人乐于助你一臂之力。

有件棘手的工作，你无法独力完成，非得找个人帮忙不可；于是你找上了那个对这方面工作最拿手的同事。怎么开口才能让人家心甘情愿地助你一臂之力呢？让我们先来看看下面这个例子：

张三接受了上司安排的一项工作，但是他无法独立完成，需要别人的帮助。于是他想找同事李四帮助，因为李四在这方面是高手，可是怎么开口呢？

说法一：张三找到李四说："李四，我接手了一项工作，自己实在搞不定，帮个忙吧！"李四面露难色，说："我这段时间也挺忙，你还是看看别人有空没有，要不问问王五。"

说法二：张三说："李四，你是这方面的高手，这个工作要是没有你的帮助，我确实是完不成啊！"李四见张三态度诚恳，为了不负自己的好名声，就答应了张三的请求，帮他完成了工作。不同的说法，得到的结果完全不同，所以在找同事帮忙时，一定要注意自己的说话方式。

1. 请同事帮忙，说话要客气

虽然有时候，领导在给你安排任务的时候，就指明了你若完不成可以找某某来帮忙，但是你也不能一副理所当然的样子。因此，请同事帮忙说话一定要客气，而且以征询的口气与其探讨，受到如此的尊重，同事如果觉得事情好办，自然会主动帮助你，几句客气话，就能省去很多麻烦。当然，在别人帮你完成之后，千万不要忘记答谢，否则这样会让人感觉你过河拆桥，以后可能别人再也不愿意帮你了。

2. 送"高帽"、灌"迷汤"

很多人都受不了别人的赞美，一听到好话，自然就会飘飘然起来。而那位好心的同事为了不负自己在这方面的名声，通常会答应你的请求。不过，恭维别人的时候一定要真诚，不然阿谀奉承别人也是能够听得出来的。

3. 说话要有诚意

因为天天在一起，同事之间相互都很熟悉了。如果你需要找同事帮忙，最好不要披披藏藏、神神秘秘，不把事情讲清楚，这样你会让同事产生一种你不信任他的感觉。因此，在请同事帮忙的时候，要说清楚你究竟要办什么事，坦言自己为什么办不了，为什么非要找他来帮自己。如此一来，相信只要是他能够办到的事，他就不会拒绝你。

在今天这个社会，很多工作都是需要团结合作才能完成的。请求同事帮忙也是情理之中的事，不要觉得开口很难或者不知如何开口。这时，就需要用上巧妙的说话技巧了。

第七章

跟下属沟通的艺术

要怎么说，员工才会听？

要如何听，员工才会说？

该如何应对下属或他人的的质疑？

作为领导或管理人员，优秀的沟通能力必不可少。约玛·奥利拉（诺基亚前董事长）认为有两个技能很重要："第一是沟通能力，第二是人才管理的能力。但没有好的沟通能力，一切都无从谈起。"

开好周例会，管理轻松一半

周例会是管理的重要手段，其主要功能是工作进度通报、问题现场解答与协调以及一定的即时激励。周例会开得好，管理轻松一大半；反之，若是走过场，不仅没有效果还浪费大家时间。

一般来说，周例会有四个重要功能：监督进度、会诊问题、计划下周、打气加油。

1. 监督进度

IBM 前总裁郭士纳说过："员工不会做你希望的，只会做你监督和检查的。"这句话道出了检查和监督的重要作用。

在周例会上，要逐个检查与通报下属在上周的工作绩效：上周计划的工作完成得如何？如果没有完成，原因何在？

有了这种定期检查机制之后，下属在工作上自然不敢怠慢。

2. 会诊问题

下属现在遇上了哪些难以解决的困难，或存在哪些业务上的困惑？亮出来，大家一起会诊、支着儿。

这种会诊，既能帮助当事人解决实际问题，又能让其他人通过案例学习提升能力，还能让团队成员的关系更加紧密。有些现场不够时间解决的问题，可以另约时间单独深谈。

一旦员工觉得晨会是解决难题、寻求帮助的场所，他们就会热衷于参加例会。

3. 计划下周

下一周你的任务是什么？具体的计划如何？完成任务的各个时间节点是什么时候？

当下属明确了下周的目标和计划后，效率就会大幅度提高。不会东忙西忙，拿着包出去又不知该往哪里去。而对时间节点的明确，保证了工作有条不紊地向前推进。

这些目标、计划与节点，除有专门的会议记录外，与会的人都要记录在各自的笔记本上。有会议记录的好处是：可以随时翻看记录本，部门的整体业务状态了然在胸。

4. 打气加油

工作要做好，保持激情很重要。凡是激情四射的员工，业绩总是傲人的。即便一时绩效不佳，但要不了多久就会出众。

成功是一种状态。为了让这种状态持续保持高昂，需要适时打打气、加加油。周例会无疑是打气加油的好时机。

光嘴上表扬还不够，最好是设计一些奖励，例如目标达成最优、进步最大等奖励对相关人员进行即时激励，起到鼓励先进、鞭策后进之目的。

一对一沟通，及时解决问题

无论是在部队的指导员，还是在学校的老师，乃至居委会大妈，都擅长用这种一对一沟通方式。在《财富》美国100家卓越雇主之一的英特尔公司，将一对一沟通作为企业文化的一部分，其中国区总裁坦言自己有40%的时间都用在与员工的一对一沟通上。

为什么那么多的组织热衷于一对一沟通？

首先，一对一沟通是很实用的诊断工具。

团队有哪些不和谐音符？产品（服务）有哪些瑕疵？制度哪些不合理？

这些问题不是开几场会议就能诊断出来的。在与下属单独沟通时（更重要的是聆听），往往能从他们的言语中获得一些蛛丝马迹。这时如果你循着线索深入挖掘，就能诊断出企业所面临的诸多问题，趁问题尚未恶化及时解决。

其次，可以更加深入地了解你的员工。

你知道他们在想什么吗？他们需要什么？他们的性格、特点是什么？

龙生九子，各个不同——不仅个性上有差异，你的员工的职业目标、工作特长都有差异。通过一对一沟通，你就能更深入地了解他们。继而可以有针对性地开展管理工作。

再者，有助于增加团队成员的信任感与忠诚度。

信任是最稀缺的资源，有效沟通是达成共识的手段。在企业中，上下级的矛盾有大部分是来源于误会，而导致误会的原因是缺乏沟通。以平常心态，与下属在沟通中增进相互了解，以便能达成共识，提升相互之间的信任感。

很多研究表明远程员工如果能够和领导维持良好关系的话，他们的忠诚度还是很高的。如果他们和领导们在工作之余没什么联系的话，他们很有可能会成为招聘人员的目标。

在一对一沟通中，有以下四项原则需要遵守：

第一，放下你的架子。

"喂，张三，来我办公室一下！"这样的居高临下的口气，让员工感受不到平等沟通的气氛。一对一沟通是以员工为中心而不是以领导为中心，领导只有抛开当官的架子，员工才会真正与你推心置腹。你要是打着官腔，员工将例行公事地应付你一番。

第二，对不同的人使用不同的语言。

"小赵，我女儿也是你这么大，也刚参加工作……"这样的话对"90后"说，是不是很容易入耳呢？不同的员工往往有不同的年龄、教育和文化背景，这就可能使他们对相同的话产生不同理解。与他们沟通时最好使用他们习惯的语言。

第三，多听少说。

领导应该10%的时间来讲话，用90%的时间来倾听。这跟平时的一对多的会议是完全反过来的。此外，在倾听的过程中，领导要集中精力，不能一会儿打个电话，一会儿传份资料，心不在焉会让员工失去兴致。

第四，避免负面情绪。

领导与员工进行沟通时，应该尽量保持理性和克制，如果出现情绪失控，则应当暂停进一步沟通，直至恢复平静。

指示不要太详细，八分即可

有些领导常容易犯指示过于详尽的毛病，他们明知道有些事情一定要交给下属办才行，但是却又不放心交给下属去办，因此，不知不觉中就会一再地交代他们：

"要按 ABCD 顺序做。A 要这样做，在 C 时要特别注意……"

事实上，这些指示领导不说，下属也都已知道得非常清楚，可是领导却仍很仔细地一再指示各项事宜。

做这样详细指示的人，大部分是新上任的领导，用人的经验很少，另外也有可能是从事专门职业或技术等出身的管理人员。

期望把工作做得非常完美，当然是一件很好的事，但是这样过于详尽的做法，反而会带给对方不愉快的感觉。这是什么原因呢？

受到详细指示的下属，开始时会认为，你这么不信任我，为什么还要把工作交给我？因而产生不满或不信赖。然而，因为不想表露出来，只好对你说："知道了。"乖乖地按照指示行事，然后，每天都重复不断地按照你的指示行事。

后来，他会发现按照指示工作，实在很轻松，最后，甚至变成有指示才会工作。有这种态度之后，就会变得消极、被动，而且年轻人特有的热情和精力无法在工作中发挥，就会用在工作以外的事情上，慢慢地对工作也就不再热心了。

这样一来，下属就会过着不用脑筋思考的日子，终致失去思考和判断的能力，这是非常严重的事。有些人到了相当年龄仍然没有任何独立工作的能力，大部分都是如此造成的。所以，如果一个人经常放弃思考的机会，最后也将失去思考的能力。

有一些中层主管布置工作时非常详尽地下指示，然后又感叹别人工作态度消极，就是不了解这是因自己的行为所造成的后果。因为，太多、太详细的指示，将造成难以弥补的憾事。

你对下属做指示时，只下八分就可以了，其用意是要留下让对方思考的余地。不管对新进或资深员工，都要按对方的能力，而决定指示的程度。

用好人称代词，拉近上下距离

1. 不要总说"我"

经常把"我"字摆在嘴边的人，会给人留下突出自我、标榜自我的不良印象。这会在你与他人之间筑起一条防线，形成人与人之间的隔膜，一种疏离感油然而生！

如果能把"我"字变成"我们"，则显得非常谦虚，说出来的话别人也更愿意听。不信，试试用"我们"来代替"我"，你一定会发现这次沟通与以往有所确实有所不同。

"我们的部门非常优秀""我们来年的目标一定会实现"……这样说，听上去是不是比用"我"要感觉有更多的认同感呢？

亨利·福特二世曾说："无聊的人是把拳头往自己嘴里塞的人，也是'我'字的专卖者。"的确，很多人在说话中总是"我"字挂帅。这些"我"字挂帅的人，不妨从以下几个点做一些改变。

首先，尽量用别的词代替"我"。

中国人造字很有意思，你看"我"这个字，是"手"和"戈"的组合。我手里持武器（戈），你会感觉如何？是不是会不太舒服？而如果在允许的情况下，用"我们"、抑或更亲切一点的"咱们"一词代替"我"。以复数的第一人称代替单数的第一人称，则你会与沟通方如同在一个战壕了。这样可缩短双方的心理距离，促进彼此情感的交流。

比如："我建议，今天下午……"可以改成："今天下午，我们……好吗？"

其次，能省略"我"字的时候，就不必说出。

比如："我对我们公司的员工最近做过一次调查统计，（我）发现有40%的员工对公司有不满情绪，（我认为）这些不满情绪来自奖金的分配不公，（我建议）是不是可以……"

第一句用了"我"，主词已经很明确，那么后面括号中的"我"不妨统统省去。这对句子意思的表达毫无影响，且能使句子显得更简洁，又能使"我"不至于太突出。

再者，尽量以平稳和缓的语调淡化"我"字。

在必须用到"我"这个字时，声调不要那么高，不要读成重音，语音也不要拖长。总之，低调一点。

另外，行为举止方面也要加以注意，目光不要咄咄逼人，表情不要眉飞色舞，神态不要得意扬扬，说话的语气也要尽量做到平淡。应该把表达的重点放在事件的客观叙述上，而不要突出做这件事的"我"，更不要使听的人，觉得你高人一等，是在吹嘘自己。

身处团队之中，领导要多说"我们"少说"我"。如：我们部门；我们的目标；我们进了很大的力气；我们也走过弯路；我们信心十足……如果用"我"，意思上也行得通，但是给人的感觉就没有那么亲切了。

2. 尽量用"我们"代替"你们"

人的心理是很奇妙的，同样的事往往会因说话的态度不同，而给人完全不同的感觉。沟通专家认为，说"我们"时，暗示"我和你是一伙的"，两人的距离会无形之间缩短。而用"你"或"你们"时，始终会有一种若即若离的疏远感存在。

在公司里，把说"你"（你们）的话巧妙地变成"我们"，表明了"我"和"你"同处一个叫"我们"的战壕里，是同甘共苦的"兄弟"。需要注意的是："我们"要用得巧妙，不要生硬。有些是可以替换的，有些是不能替换的。

如："你们这个月的任务又没有完成"可以变成："我们这个月的任务又没有完成""和你说过多少次了，开会要带纸和笔……"可以变为："我们说过多少次了，开会要带纸和笔……"

而："你们还有其他问题吗"就不能变成："我们还有其他问题吗"（意思变了）。"就这件事，你写一个提案……"也不能变成："就这件事，我们写一个提案……"

因此，我们应该尽量多说"我们"少说"你们"和"你"，而不是不说"你们"和"你"。

3．用"我"也能代替"你"

我们说过，"我"和"你"以及"你们"这三个词要少说。但有一种情况之下，可以多用"我"，而少用"你"以及"你们"。

几个员工集体犯了错，李领导说："你们怎么会犯这样的错呢?"不如说："我感到很遗憾。"或"我感到很痛心。"两者视错误的程度而定。

如果有人没有遵守承诺，不要指责他："你怎么不讲信用!"不如这么说："我很失望!"

描述自己的心理，比指责对方的行为更有效。因为前者是打开自己的心门请对方来做客，容易引起对方的愧疚与反思；而后者是攻击，容易激起对方的不自觉的防卫心理。

下次，当你要指责与批评员工时，不妨告诉他"我"的感受，而不是用"你"来进攻他。

多讲小故事，少说大道理

如果你认为只有在孩子睡觉前才需要讲故事，那可就大错特错了。那些世界上鼎鼎有名的公司老板，都钟情于讲述引人入胜的故事这项独特的艺术。

乔布斯最擅长讲故事，马云、俞敏洪也是当之无愧的"故事大王"。

乔布斯在斯坦福大学做演讲时，只说了三个故事，却让台下听众如饮甘露。

马云喜欢说小时候如何的"矮穷挫"，智商还很低，数学学不会。

俞敏洪讲故事说自己是"北大最不可能成功的人"，当年多么"土鳖"，多么不受女同学待见。

作为世界10大最受尊敬的知识型领导、世界最出色的200位管理大师之一的斯蒂芬·丹宁，曾这么说："经过多年的研究和实践，我发现讲故事能够达到多种目的，包括激发行动、展示自我、传播价值观、鼓励协作、消除谣言、分享知识和勾画未来等。"他享有"故事大王"的美誉，不仅善于讲故事，而且极力推崇领导者应通过讲故事的方法提高领导力。

丹宁的观点已被知名企业的领导阶层所普遍接受。为使管理人员掌握绘声绘色讲故事的技巧，IBM管理开发部专门请来在好莱坞有15年剧本写作和故事编辑经验的剧作家担任顾问，向管理人员介绍好莱坞的故事经验。宝洁公司聘用好莱坞电影导演，培训高管如何更好地讲故事。耐克公司的每个新员工要听一小时的公司故事，所有高管都被称为"讲故事的人"。3M 公司禁止罗列要点，而是要求在行文中"以战略方式叙事"——领导者战略上指导的故事。

为什么他们那么钟情于讲故事？

与趾高气扬地发号施令与苦口婆心的讲道理相比，讲故事的方式更容易被人接受。故事能在你与听众之间，迅速建立一种情感上的联系。人们在听故事的时候会放松精神，享受其中的乐趣，并且会放下戒心。因而，故事更能触动人的内心。

推广某个理念，讲故事可能是一种方式。《会讲才会赢》一书的作者彼得·古博则讲得更加直接："数据、幻灯片或堆满数字的表格，并不能激发人们采取行动。打动人是情感，而要使人们对你的设置的议程产生情感联系，最好的方式便是以'很久以前'开头。"

下次，当需要诠释公司文化时，需要解决问题和决策时，需要纠正与指引员工行为时，需要推动企业变革时，需要制定策略规划时，需要提升自身形象时，不妨用一个生动的故事，巧妙地将思想传递给下属。

诺尔·迪奇是美国密歇根商学院的教授、全球领导力项目主任、通用电气公司克罗顿韦尔领导力发展中心的前任主席，他归纳出企业领导常用的三种故事类型。

第一类故事叫"我是谁"。通过讲述自己感人的经历和成功的经验，和下属进行心灵上的共鸣，并激发员工的积极性。

你是谁？你来自哪里？你有什么经历？你想干什么？通过了解"你"的故事，员工们不只是把你视为一位上司，还会把你当作一个很好的朋友，愿意与你风雨同舟。

第二类故事是"我们是谁"。通过讲述"我们"的故事，激发团队协作精神，促使全体员工心往一处想，劲往一处使。

惠普公司在创建 50 周年之际，聘请专家在公司上下收集了

100 多个企业故事，其中《惠利特与门》流传最广：惠利特是惠普公司的创办人之一，一天他发现通往储藏室的门被锁上了，于是惠利特把锁撬开，在门上留下了一张便条，上面写着"此门永远不再上锁"。

这个故事告诉所有惠普人：惠普是重视互信的企业。说"我们"的故事，能够增强团队凝聚力。

第三类故事是"我们向何处去"。通过描述美好未来，勾画现实和梦想的差距，激发公司员工实现梦想的热情。

福特汽车曾经改变了美国乃至全世界的生活方式，其创始人亨利·福特在这一过程中最喜欢讲的故事是——《使每一个人都拥有一辆汽车》：

有一天，福特开车经过底特律市郊，看到路边一位车主正为抛锚的福特车苦恼。

于是，福特下车去帮忙，很快就把车子的问题解决了。

车主看见车子修好了，很高兴，立刻从身上掏出五块美元给福特："拿去买包雪茄吧！"

福特说："我不缺钱，我很乐意帮你把车修好！"

没想到车主指着福特的座驾，笑着说："别吹牛了，你要是不缺钱，何必像我一样开着福特车到处跑呢？"

福特听了，并不觉得生气。因为："我最大的梦想就是要让美国人都买得起车——哪怕他并不富有。"

梦想具有力量，让人变得上进、坚强，不达目的誓不罢休。就像《梦想的力量》里所唱的："那梦想给予力量，让我变得更坚强。眼中的光芒充满了希望，是对未来的渴望……不断挑战自己，再大风雨都不能停。攀最高山顶才有最美的风景！"

那么，我们如何成为"故事大王"？

1. 充实故事库

有句老话叫"熟读唐诗三百首，不会作诗也会吟"。讲故事也是如此，先从熟读故事。

如果你的大脑里装了很多故事，你需要时就可以信手拈来。慢慢地，你就能自己改变与创作故事了。

怎么才能记得住呢？博闻强识的林肯告诉我们一个方法，那就是读书时高声朗诵。他说："当我高声诵读时有两种功能在工作：第一，我看见了我所读的是什么；第二，我的耳朵也听见了我所读的是什么。因此，我可以容易记忆。"

2. 让思想契合理念

这里所说的思想是故事的中心思想，理念是指领导索要宣扬的理念。领导讲故事往往具有很强的目的性，希望引导和促进员工朝自己希望的方向转变。因此，故事的中心思想要与宣扬的理念高度契合，不能不搭界，更不可有冲突。

至于那些无厘头的段子、花边新闻，闲谈时博人一笑尚可，在正式或半正式的会议、谈话中就要慎说了。

3. 故事要生动有趣

同样一则故事，有的人讲得生动有趣，而有的人却讲得干巴巴的。前者让听众兴致盎然，后者让听众索然无味。

要把故事讲得生动有趣，除了选择或编写有意义的，情节生动的故事之外，还要重视语言表达的技巧。譬如如何用生动的语言讲好故事的引子，如何用巧妙的语言设下悬念，牵动听众的心，如何做精彩的描述并配合肢体语言，把人物神采风貌栩栩如生地再现在听众的眼前，等等。这类技巧，可以向别人学习，多收听广播，多读报刊上连载小说等，从中可得到借鉴或启发。

用好表扬，激励下属成长

如何在不加薪、不提拔的情况下，令下属更卖力地工作？

——表扬。

下属往往很在乎上级的评价。他们认为，得到上级的表扬，就意味着自己向加薪或升迁前进了一步，同时他们也会因此而产生荣誉感和成就感。

领导对下属的表扬，除了能激励下属之外，还可以令上下级之间的关系更加融洽、紧密。

需要注意的是，表扬是有讲究的。

1. 表扬要及时

一旦发现你的员工工作表现好、取得好成绩、提出好建议，要立即予以表扬，不要等到年末总结时再做。只有及时表扬，才能让员工及时知道哪些是受到认可与鼓励的。使他的行为得到保持和再现。

如果领导对正向行为漫不经心、视而不见，员工就会产生"干好干坏一个样"的想法，消极心态伴随而来的将士消极行为。

2. 表扬要具体

"小李，最近表现不错啊。"这样的表扬让人听了不知所云。既然要表扬，就不要敷衍了事，要言之有物。

这个"言之有物"，不仅要指明对方工作上的具体成绩，还要表明自己的具体看法。如：

"小李，你前天交的促销方案我看了，做得很有新意，给我的启发很大，辛苦你了！"

3. 表扬要如实

十分的功劳说成七分，被表扬者不开心是正常的。

但将七分功劳说成十分，被表扬者未必笑纳。即使笑纳了也害处多多。首先，可能会使被表扬者产生盲目性自满情绪，误以为自己真有夸大的那么好，从而坠入自我欣赏、不求上进的泥潭。其次，如果其他人知道，也会激发他们内心的不服与反感。

4. 表扬要多样

表扬并不局限于口头上的褒奖。有时一个眼神、一个拍肩的动作，都可以产生振奋人心的作用。

5. 表扬宜私下

传统的表扬，总是唯恐天下不知。表扬这希望树立一个榜样，让大家争当上游。但现代的心理学家普遍认为：职场上的大张旗鼓地表扬，会令未获得表扬的大多数产生酸溜溜的嫉妒。这种嫉妒有损于团队的凝聚力。

因此，除非对那些有重大贡献的员工，笔者建议表扬尽量以一对一的形式。

用对批评，鞭策下属成长

如果说表扬是一种拉力，那么批评就如同推力。运用得当，前拉后推，就能将员工送上成长的快车道。

下属做了错事，领导一味做好好先生也是不行的，这样不但无形之中会助长做错事的员工的势头，也会挫伤那些有能力的员工的工作积极性。所以，对工作出错的下属，适当的批评是必要的。

1. 不要当众指责下属

有的领导喜欢在众人面前斥责下属，是想以此来把责任转移到下属身上，好让上级、客户或其他下属知道，这不是他的错，而是某个下属办事不对，其实这是非常错误的做法。

身为领导，无论如何都应对单位的人与事负责任，一味强调自己不知情，反而会在下属及客户面前暴露出你管理不力或由你所制定的管理体制不健全的问题，甚至还会留给他人自私与狭隘的印象。

单位所出现的一切问题，你作为领导必须负起这个责任。如果你以下属为挡箭牌，逃避责任，作为替罪羊的下属很可能因此自暴自弃，再也不会热衷以后任何活动、任何工作了。

在发生问题的时候，如果领导确实不十分知情，该把有关人员找来，把问题问清楚，然后让下属继续工作。领导应该主动负起责任处理问题，等上级或客户走了，有必要纠正、责备时再严格执行处罚条例。

2. 不要指责已经认错的人

下属在工作中有了失误，并向领导认了错，那么不论是真认错还是假认错，领导都必须先予以肯定。然后，便可以顺着认错的思路继续探讨错在什么地方？为什么会犯这样的错误？造成了什么后果？怎样弥补因这个错误而造成的损失？如果防止再犯类似错误？等等。只要这些问题，尤其是最后一个问题解决了，批评指责的目的也就达到了。

3. 不能因失败而指责

失败是一种令人沮丧的事情，而最沮丧的便是失败者本人。

失败的原因是多种多样的，或是办事人主观不够努力，或是办事者经验不足，再或者是由于某些客观条件不够成熟，甚至可能是由于巧合，偶然地失败了。在所有这些原因中，除了主观不够努力而须指责外，其他都不能简单地归罪于失败者。如果不分原委地指责失败的下属，必然无法获得预期效果。

当然，也不是说失败者一概不可责备，只是以下几种情况下不宜责备下属：

（1）动机是好的

同样是失败，如果动机是好的、没有恶意的话，则不可指责。指责的目的是纠正和指导，只需纠正他的方法就可以了。反之，基于恶意、懒惰所造成的失败，就须给予处罚。

（2）指导方法错误

由于领导或前辈的指导方法错误而造成失败，当然也不能指责。要先弄清楚谁是该负责的人。

（3）尚未知结果之事

刚试着做或正在进行中的事，结果尚不明确，不能凭主观加以指责。否则，下属就会没有勇气再尝试下去，造成半途而废的后果。

（4）由于不能防止或不能抵抗的外在因素的影响

这种情况当然不是下属的错，下属没有义务承担这个责任。没有责任就不能指责。

4. 不要采用家庭式的指责法

领导与下属的关系，与家长和孩子的关系毫无相似之处，但又不尽相同。家庭是由有血缘关系的人组合而成的，由一种没有任何东西可以替代的亲情紧紧地维系着。家庭中自然也有快乐与痛苦，但每人都责无旁贷地分担着苦与乐，这和以劳动契约为基础而组成的工作关系有着本质的差异。即使工作中同事间的气氛非常融洽，也不可能是一家人。在家庭中，再没有道理的指责，都可能因为特殊的亲情联系而得到谅解、理解。但在工作中，不适当的指责会给双方关系带来损害。日后无论怎样苦心挽回，要想恢复都是非常困难的。

5. 不要指责自己也无法做成的事

古语道："己所不欲，勿施于人"。身为领导，有些事自己去做也无法完成，那么下属干不好时，也就不能轻易地责备他们。当然，现代社会科学发达，社会分工越来越细，涌现了许多新的、复杂的、专门化的东西．领导是不可能样样精通的。连自己也无法做成的事就不应指责下属，谦虚的态度加上严格的要求，想必是能够说服下属的。

6. 切忌任意发脾气

身为领导遇工作不顺利时，也难免有情绪低落的时候，如果因为自己的情绪不好而随意指责下属，很容易引起下属的不满及对抗情绪。

7. 不要吹毛求疵

每个人身上都有或多或少的毛病或缺点，即所谓的"金无足赤，人无完人"。作为领导，应针对下属在工作中出现的重要的和比较重要的问题提出批评，使对方能及时认识到并加以改进即可，切忌犯吹毛求疵的毛病，对下属所犯的一些鸡毛蒜皮的小问题也横加挑剔。这样既显得你领导工作无重点，又让下属对你产生反感和抵触情绪。

8. 忌翻陈年旧账

对下属的批评应就事论事，不要因为这件事而牵扯到别的事，甚至以往的陈年旧账上，要知道，翻旧账的指责只会加大对方的抵触情绪，令对方恼怒不已，从而使问题难以解决，也会影响到你的领导形象。

9. 不要以己之心度人之腹

以自己心里的想法去揣摩别人的心理和行为，会使你的批评有失偏颇，因为即使是非常熟悉的人也不可能做到完全了解对方的心态。因此，揣测别人的心思是一种不公平的沟通技巧，捕风捉影式的批评，则更是一种卑鄙的攻击人的手段。批评别人的方式，要避免下列的想法："你这么做，还不是为了晋升！""将工作做得再好，不过是想讨好我而已。"等等，就明显是以小人之心度君子之腹了。

10. 要心平气和地提出批评

批评时尤其要注意自己的声调和表情，尽量做到心平气和，就事论事。如果批评者表现得激动、易怒，即使你提出的批评理由很充足，也会让对方感到不快，有一种受嘲讽、被侮辱的感觉。

11. 不要在对方心情不好时提出批评

批评即使是善意的，在对方心情不愉快的时候提出，也会产生对立、反感、沉闷的情绪。作为领导，应该考虑到下属的心理，照顾他的情绪，尽量选择在他心情平和、愉快的时候提出批评，这样既有利于解决问题，也使他在心理上容易接受，不会产生抵触情绪，要是在对方生气或郁闷不已的时候，你还批评他，无疑是火上浇油，说不定会招致他的反唇相讥。

12. 事先预测反对意见

能干的领导会在提出批评之前，考虑并预测下属会对自己的批评建议提出何种反对意见，再根据这些可能的反对意见推断出自己的考虑是否全面，观点是否正确。当你做好准备，再向下属提出批评会更易于让对方接受。

因为即使你非常善于阐明自己的观点，善于说服别人，也有可能会遭到别人的反对。如果事先有准备的话，不会弄得措手不及，无所适从。

13. 切忌当众表扬，背后再批评

当下属有功过时，应该记住一个原则就是当众表扬，背后批评。对于下属的功劳当众给予表扬可使下属又惊又喜，自尊心得到了极大满足，工作热情空前高涨；而下属有错误时则不宜当众批评，以免挫伤下属自尊心。最好是在没有人在的情况下再给予严厉的批评，使下属既认识到错误，又保全了面子。

14. 批评的语言不在多

批评的话不要超过三句或四句，并且一定要在私下提出，使对方有机会保住面子。

你最好把你的批评限定于一个目标，这样可使你的批评更具针对性，并要选择恰当的时间和地点。在下属刚上班就对他们提出严厉的批评，定会使他们产生抵触情绪，影响全天的工作。

批评只针对事情而不针对人，是让对方接受批评的良方。很多人需要很长时间才能鼓起勇气批评别人，因此，便将批评和勇气结合，做出宣判式的全面性指责，而不是针对对方某个特定行为提出的批评，这样只能使怨恨加深。

批评应在能够产生最佳效果的时候提出，你开始应说明自己的愿望，比如母亲善意地批评儿子："如果你晚上要加班，我希望你能打电话回家告诉我，你不打电话回来，我会担心你出了什么事。如果我知道你要加班，我会给你准备消夜的（给予鼓励并表明对方可以怎样做）。"对于这样的批评，多数人会做出积极的反应。

提高说服力，让下属打心底服你

上下级在工作交流过程中用得最多的方式，一是命令，二是说服。

命令是一种硬权力，直接对下属发出行政指令的方式来完成工作部署和安排。命令如山不打折扣，没有商量的余地。说服是一种软权力，通过沟通让下属自愿按照你的部署或安排去做，较为温和友善。

在西方，"No Smoking"（禁止吸烟）的标志正逐渐被"Smoke Free Building"（无烟设施）所取代，因为前者过于严厉、带有命令的口气。

曾有一个名牌大学毕业的新员工，任某公司的测试工程师。可试用期没满，他就向主管提出转岗的申请。他认为自己当测试工程师太屈才，公司应该安排他担任软件开发工程师。

主管觉得这个员工目前的能力和素质，就只能做测试工程师。但不能生硬地说：你目前只能做这个。或者说：这是公司决定，你必须服从。"如果这样，很可能他就走了，因为他觉得你不尊重他。我所要做的，是帮助他发现工作的意义。"

因此，主管告诉他，测试工程师并不比研发工程师地位低。在美国，软件测试工程师和研发工程师的比例是7∶3，充分说明测试工程师的重要性。只有把好测试关才能让研发出来的产品更符合客户需求。

"告诉他测试的重要性还不够，还得进一步帮助他挖掘工作的意义。"主管继续分析，如果他还是希望从事开发，那么在担任测试工程师时，他应该多积累、多思考。了解错误密集处，找到软件中造成错误的规律性东西。今后如果他从事研发，就能及时规避这些错误。

一番中肯的分析，让这个感觉怀才不遇的员工开开心心地做起测试工程师。之后，就如主管所预测的那样：一年后，因为配合的研发团队项目出错率为 0，新员工如愿成为研发工程师；做了一年多工程师，就成了项目领导。他对错误密集处有清醒的认识：如工程师的个人工作习惯可能会导致怎样的错误、项目过程中因为疲劳易产生什么错误等等。

"他今天的成功验证了我当初的话。正因为我站在他的立场帮他分析，才打动他。若单纯说教、命令，谈什么服从公司利益，听从分配，他不会心悦诚服。"主管说。

需要说明的是："说服"与"命令"并不是孤立、对立的，常常是你还总有我、我中有你。一些做事雷厉风行的管理者，喜欢省略"说服"，直接用命令来贯彻意图。殊不知，这种让人屈服的手段带来的只是被动服从，其结果往往是低效，甚至无效、负效。只有让他们折服，才能充分发挥下属的主动性、创造性，获得高效益。

在领导工作中，要想练就强大的说服力，有三大原则需要注意：

1. 互惠互利，双赢至上

不要老是强调"集体利益"，要挖掘出下属的个人利益。

只讲奉献不求收获的旧船票，已经登不上时代发展的新客船。现在讲究的是双赢：集体利益要保证，个人利益需兼顾。

因此，在你说服下属如何去做事时，尽管心里想着的是公司利益、团队利益，但一定要站在下属的角度，说说能给他带来哪些个人利益。

2. 是非曲直，对比判断

"横看成岭侧成峰，远近高低各不同，不识庐山真面目，只缘身在此山中。"

人们经常会被情感、欲望以及种种错综复杂的事件蒙蔽了双眼，以致不能明白中间的利害关系。要想说服别人，就需要帮助对方拨开眼前的迷雾，拓宽狭隘的视野。这就不仅需要一个如簧之舌，还要有透过现象抓住本质的锐利眼光。

一般来说，身在管理岗位的人，其信息掌握得要比下级多，视野也相对宽阔，因此你完全有条件、有能力来抓住问题的关键，条分缕析、一针见血，将其中的利弊区分得清清楚楚。

在不违背原则的前提下，人人都具有趋利避害的天性。如果你能将利弊关系讲清楚，下属自然就会作出对自己有利的选择。

3. 进退有度，从容不迫

当说服遇到阻力时，无休止的争辩是没有意义的。即使赢了，也只是口头上胜利。

操之过急是说服的大敌。聪明的管理者会认真地记下对方反对的理由，然后退下来。

在给对方一定的时间思考与消化的同时，也给自己一点时间平复心情，并再次组织有针对性的说服工作。

第八章

优秀的业绩离不开"说"

在生活中，话太多未必是优点。但在推销商品时，较好的语言表达能力却是真正的能耐。销售这项工作，充满了竞争和挑战，很多人投身其中，有人成功，有人失败。为何同样忙碌，结果却不一样呢？这就是好口才的功能所在，它决定了销售人员的业绩。在推销的过程中，善于言辞的人懂得如何通过短暂的接触和谈话来博取对方的好感，也就是要充分展示自己的口才魅力，这是进行成功销售的一个必要前提。

善于言辞有助于提升业绩

在当今充满竞争的社会，很多工作对个人的语言能力要求越来越高，尤其是销售工作。作为销售人员，最基本的日常工作就是要经常面对着形形色色的顾客，并时刻准备去应对各种各样的突发事件。不论是与顾客的接触，还是对突发事件的处理，都离不开双方的有效沟通，而这种有效沟通恰恰正是建立在销售人员出色的口才基础之上。

在销售过程中，除了用产品的特色吸引顾客外，最重要的还是用语言来打动顾客。如果我们连话都说不清楚，词不达意，与客户沟通起来总是说不到客户的心坎，难以打动对方，甚至让客户感觉别扭，那么根本谈不上销售的成功。可以说，作为销售人员，口才的好坏直接关系到能否顺利将商品推销出去。

销售这项工作，充满了竞争和挑战，很多人投身其中，有人成功，有人失败。为何同样忙碌，结果却不一样呢？这就是好口才的功能所在，它在一定程度上决定了销售人员的业绩。

在生活中，话太多未必就是优点。但在推销商品时，能说会道却是真正的能耐。对于销售人员来说，语言是与顾客沟通的媒介，一切营销活动首先是通过语言建立起最初的关系，从而使营销活动不断进展，最终达到营销目的。

在某公司举办的化妆品展销会上，几位年轻的工作人员用十分专业的术语详细地向消费者介绍了公司产品的原料、配方、性能及使用方法，给人以业务精通的印象。他们在回答消费者提出的各种问题时表现出反应快，对答如流，既彬彬有礼又幽默风趣的谈吐，更给人留下难忘的印象。

消费者问："你们的产品真的像广告上说的那样好吗?"一位工作人员立即答道："您试过之后的感觉会比广告上说得好。"

消费者又问："如果买回去，用过以后感觉不那么好怎么办?"另一位工作人员笑着说："不，我们相信您会喜欢这种感觉。"

这次展销会获得了很大成功，不仅产品销量超过往常，更重要的是产品的品牌知名度也大大提高了。在公司召开的总结大会上，公司经理特别强调，是销售人员语言训练有素促成了这次展销活动。他要求公司全体人员应该像销售人员那样，在"说话"上下一番功夫。

销售员要想成功地实现销售，一个至关重要的环节就是首先用自己的言谈来吸引客户的注意力，使客户对推销的产品产生兴趣，进而才有可能说服客户，并促使其最终做出购买的决定。在推销的过程中，应该想方设法地通过短暂的接触和谈话来博取对方的好感，也就是要充分展示自己的口才魅力，这是进行成功销售的一个必要前提。所以，语言交流是营销活动的开端，直接关系到营销的成败。

语言的巧妙运用，是销售成功的法宝。只有掌握顾客的心理，运用亲和的语言，使顾客感觉你在为他着想，才会使得顾客愿意和你交流。所以，让你说出的每句话都带有亲和力，是销售人员必须掌握的技巧。当你所面对的准顾客在是否应该购买你的产品这个问题上显示出犹豫的时候，你就要使用一些语言技巧，让顾客明白购买你的产品的必要性。所以说，好的语言是销售成功的必要条件。

打好招呼是推销的第一步

都说"万事开头难"，事实上，确实如此。销售人员在推销自己的产品时，首先必须在几秒钟或几十秒钟之内将对方的注意力吸引到自己身上，使对方对自己、对商品感兴趣。可以引用一些普通的、对方听后感到愉快的话题，使对方对自己消除不接纳的情绪而产生好感。使对方高兴、产生兴趣，放下他手中的事与你谈话或与你预约一定的时间来接待你，从而进行进一步的销售工作。

与顾客第一次交谈，要注意打好招呼。有人说过："有礼貌地打招呼是商谈成功的第一步。"这一点要做好看起来容易，实际上不容易。当然人人都会打招呼，但要做到完善、得体，还要做个有心人。有礼貌地打招呼，是与人交往、建立良好人际关系的一个不可缺少的因素。在西方国家，一般说来，即使是在非常亲密的朋友之间，打招呼也很讲究礼貌，父子之间、夫妻之间都是如此。对于推销员来说，所面对的顾客大多是第一次见面的陌生人，第一次打招呼给人的印象较为重要。因而特别需要注重礼节，要考虑周全。

在一般情况下，打招呼、点个头或者微微欠个身，就说得过去。但作为推销员来说就不够了。对方也许比较讲究礼节，他会想："我可是某某大公司的总经理啊！""这家伙毛毛草草，不懂礼貌，可能靠不住！"于是可能会改变原来本有的购买想法。对于这位推销员来说，可能就失去了这一重要机会。

每个人都希望得到对方的尊重，受到别人的礼貌接待。作为推销人员，应该理解人们的这种需要，并能主动地给予满足。打招呼是走向顾客的第一步，礼貌也应该从这里开始。一般来说，礼貌性地打招呼应注意以下几点：

1. 举止有礼，并且要适合场合情景

因为，有时候推销是去顾客家里拜访，这时就应该是亲切有礼貌；有时候，如果是商业活动上的拜访，就应该表现出职业精神。

2. 精力集中地注视对方，握手

让对方感觉到你对他的尊重。有些销售人员由于紧张，总是不敢注视对方，这样会给人不自信的感觉，别人又怎么会相信你的产品呢？

3. 先主动向对方问候、问话

因为提问，可以对对方多一些了解，这样在做产品介绍时，也可以有的放矢。

4. 声音要带感情、有精神，要给人以精力充沛的印象

不管你已经多么疲惫或者烦躁，你也要有良好的精神面貌，因为这样的印象才能让别人对你产生好的印象，进而对你的产品有兴趣。

5. 称呼对方姓名，让对方感到亲切

事先可以对要拜访的人进行一定的了解，这样在交谈的时候，别人可以感受到你的重视。

6. 面带笑容，消除对方的紧张情绪

都说"伸手不打笑脸人"，微笑是打动别人最简单的方式。

最后，要注意的一点是，眼睛是人心灵的窗户，是人们传达心意的渠道。注视对方的眼睛不仅是一种礼貌地表示，也是一种尽快缩短彼此距离的沟通方式。作为推销员，打招呼应该以充满真诚且明亮有神的眼睛注视对方。通过这种交流，使对方在不知不觉之中打开心扉并对你产生信赖，从而容易接受你。如果做好了这一点，等于为推销成功地迈出了关键的第一步。

说得"好听"可以改变顾客的态度

现实生活中有很多人不善于言辞，说出的话不中听，是因为他们不曾把说话当作一门艺术，不曾在这门艺术上下过功夫。他们不肯多读书，不肯多思考。他们言语粗俗，表达意思含混不清，不能将自己的意思用文雅、优美的语言表达出来。

相传，有一对父子冬天在镇上卖便壶（俗称"夜壶"）。父亲在南街卖，儿子在北街卖。不多久，儿子的地摊前就有了看货的人，其中一个人看了一会儿，说道："这便壶大了些。"那儿子马上接过话茬儿："大了好啊！装的尿多。"人们听了，觉得很不顺耳，便扭头离去。

在南街的父亲也遇到了顾客说便壶大的情况。当听到一个老人自言自语说"这便壶大了些"后，父亲马上笑着轻声地接了一句："大是大了些，可您想想，冬天夜长啊！"好几个顾客听罢，都会意地点了点头，继而掏钱买走了便壶。

父子两人在一个镇上做同一种生意，结果却大不相同，原因就在于他们一个善于言辞，一个不善于言辞。其实，儿子说的话也不是不对，确实，便壶大装的尿多，他也是实话实说。但不可否认的是，儿子说的话没有水平，语言粗俗难以入耳，让听的人心里很不舒服。

本来，买便壶是很正常的事情，不俗不丑，但毕竟还有些私密的因素在内。人们可以拿着脸盆、扁担等大大方方地在街上走，但若拎个便壶走在街上，就多少有些不自在了。此时，儿子直白的大实话会使买者感到别扭，而父亲则算得上是一个高明的销售商。他先赞同顾客的话（"大是大了些"），以认同的态度拉近与顾客之间的距离，然后，又以委婉的话语说"冬天夜长啊"，这句看似离题的话说得实在太好了。它无丝毫强卖之嫌，却又富于启示性。其潜台词是：冬天天冷夜长，夜解次数多且又怕冷，不愿意下床是自然的，大便壶正好派上用场。这设身处地地善意提醒，顾客不难明白。卖者说得在理，顾客买下来也就是很自然的了。

儿子一句话砸了生意，父亲一句话盘活了生意，这不正说明了话说得好听不好听在销售中的重要性吗。

要知道，大多数人都倾向好听的说法，不光是在和别人谈话的时候，即使买东西的时候也是如此。

某条街上，有两家挨着的商店，明明卖的东西一样，却一家人满为患，一家门可罗雀。有人以为两家东西品质不一样，结果经对比是一样的；有人以为两家价格不同，经对比，门可罗雀那家反而价格还稍稍便宜些。那到底是为什么呢，很多人都不明白是怎么回事？后来，经过调查那家的老客户发现，原来那家人满为患的老板，特别善于言辞。贵的东西他就说"有品质的东西，看起来自然有档次，所以，价随物长……"；便宜的东西就说"虽然这价格比较实惠，但是物超所值呀"。而另外一家的老板，别人说东西贵，他就说"值钱的东西肯定贵啊"；别人嫌便宜的时候，他就说"这个价钱确实只能买这样的"……就这样，两家生意相差越来越大。

俗话说"物以类聚，人以群分"，谁都希望自己与有层次、有涵养的人在一起，而不希望和那些语言粗俗的人交往。在销售过程中，一定要注意自己语言的优化，不要用一些不雅的词。比如寿险行业，最好不要说道："如果你死了，就可以……"这样的话一出口，必然会引起顾客的反感，你这次销售注定也就失败了。

拉近距离，再谈"买卖"

很多人上门推销东西的时候，总是打个招呼就直奔主题，开始宣传自己的产品，其实这种做法是不明智的。

当你向顾客推销商品时，应选择适当的话题。缩短与客户之间的距离，使自己被客户接受，而后把话题引向自己的商品，从而开始商谈，这样才是成功之道。相反，如果打一个招呼就开始介绍自己的商品，迫不及待地反复强调自己的商品是如何如何好以及购买该商品有什么好处，这样往往事与愿违。

我们常常在电视上看到这样的场景：一个销售人员，敲开一家住户的门，说了句："您好，需要买 XXX 吗？"然后就是一句："不需要！"然后"砰"的一声关上了门。推销的人常常会以为这是别人太冷漠，而事实上，是自己的销售方式不恰当。因而，有经验的推销商并不是一开始就切入正题的。

一个销售人员到一家商场推销产品，接待他的是商场副经理。对方一开口，这位销售人员马上说："听口音，您是北京人。"商场副经理点点头，问道："您也是北京人？"这位销售人员笑着回答："不，但我对北京很有感情，一听到北京口音就感到非常亲切。"商场副经理很客气地接待了这位销售人员，生意谈得也很顺利。

因此，成功的推销并不是一开始就切入正题的。在推销伊始，有经验的销售人员总是尽量从顾客的兴趣着手，往往能顺利地进入"正题"。因为对方最感兴趣的事，总是最熟悉、最有话可说、最乐于谈论的。例如，对方喜欢摄影，便可以此为题，谈摄影的取景，胶卷的选择，各类相机的优劣，钻研摄影艺术的甘苦等。如果你对摄影略通一二，肯定谈得投机。如果你对摄影不太了解，那也是一个学习的机会，可静心倾听，适时提问，借此增长知识。

有一位著名的棒球运动员，他在球场上是一个难于攻破的堡垒。他在某保险公司销售人员的眼里也被当作是一个"难于攻破的堡垒"。因为他对保险、投保之类的事，根本就不感兴趣。他对一个个喋喋不休的销售人员很反感。

有一天，销售人员杰克来拜访他。与别的销售人员不同的是，进门后，杰克没说那些令人生厌的老调，也没有对保险的好处进行宣传，而是以一位相当在行的热心球迷身份来倾听对方大谈棒球。他的倾听、他的插话、他的问题和那些简短的议论，都给这位职业球员留下了深刻印象。交谈在热烈的气氛中进行，在一个适当时刻，杰克向球手提出一个关键的问题："你对贵队的另一位投手利里夫的评价如何？"

"利里夫，正是有了他，我才能放手投球的。因为他是我坚强的后盾，万一我的竞技状态不佳，他可以压阵。"

"请原谅我打个比喻，你想过没有，如果把你的家庭比做一支球队，你家庭里也有个利里夫。"

"利里夫，谁？"

"就是你。"杰克谈锋正健，"你想想，你的太太和两个孩子之所以能'放手投球'，换句话说，能无忧无虑地生活，就是因为有了你。你是他们坚强的后盾和幸福的保证。所以你就好比他们的'利里夫'。"

"你的意思是……"

"请原谅我的直率。我是说人有旦夕祸福，万一你有个不测，我们就可以帮助你、你的太太和孩子。这样，你就更可以放心地驰骋球场，绝无后顾之忧。所以，从这种意义上说，我们也是你的'利里夫'。"

　　至此，棒球运动员才想起他的对话者的身份，继而他被打动，这笔生意当场就拍板定案了。

　　在这个例子中，杰克就很善于选择交谈方式和谈话内容，从对方的职业、爱好、家庭等方面入手，使对方容易接受，并缩短了彼此的距离，为他后来的让顾客投保这一正题打开了方便之门。试想，如果他仍采取开门见山的方式，肯定又会不获而归。

让顾客对你感兴趣

推销产品，难免会与顾客进行初次交谈。但是初次交谈时，推销员必须引起对方的注意和兴趣。一般来说，顾客都是带着各种疑问来的，如："他的商品可靠吗？""适合我的实际需要吗？"等。推销员应该在开始的几句话中回答这样的一些疑问，使对方对你感兴趣，让对方感觉到你的话具有说服力，这就说明开头说几句话很重要。

演员们总是想方设法地使观众的注意力、目光集中在自己身上，作为推销员也应如此。只有这样才能走出交谈业务的第一步。"万事开头难"，开篇一席话，既要创造良好的谈话气氛，又要尽可能多地了解对方，洞察对方的内心世界，有针对性地开展推销活动，这是销售中的难点。所以，开场白的设计要简单，要用最简洁的话将你要说的核心内容表达出来。而一位专业销售人员总会准备好适宜的开场白，以收到成功的效果。当顾客问你："为什么我应该放下手边的事情，100%地专心听你介绍你的产品呢？"这时候你的答案应该在30秒之内说完，而且能够让顾客满意，并且吸引他的注意力。

这是利用顾客的好奇心理达到接近目的的方法。在与顾客见面之初，销售人员可通过以下几种巧妙的方法来唤起其好奇心，引起其注意和兴趣，然后把话题转向推销品。

1. 以提问的方式开场

以这种方式开场，要小心提出的问题遭到对方"不"的回答。比如，"您希望你们家的冰箱比一般的冰箱省20%的电吗？"你可以连续向对方提出问题，以引起对方注意你的产品。你可以这样问:"您对我们公司的产品有一定的了解吗?"如果对方说不了解,你可以继续说:"不了解的话就先看看我们公司产品的介绍吧。"同时将样品向客户展示,接着说:"我们公司派我特地来拜访您。您觉得我们的产品怎么样?"

2. 以讲故事的方式开场

某些时候讲一个有趣的事或者笑话开场,也能收到很好的效果。但这样做时,你一定要明确自己的目的并不只是让客户笑一笑。你所讲的事必须与你产品的用途相关,或者能够直接引导客户去考虑你的产品。当然,还要注意,讲的故事一定要简练,不然太冗长的故事,不是让人失去耐心,就是让话题偏离销售的主题。

3. 以引用介绍人的方式开场

假如你能找到介绍你认识客户的人,那么你就可以这么说:"A 先生,您的朋友 B 先生让我来拜访您,跟您商谈一个您可能会感兴趣的问题。"这个时候,A 先生可能会马上想知道你所提到的问题,这样自然能引起对方的注意。

4. 以赠送礼物的方式开场

以赠送礼物作为开场白,所赠送的礼物一定要与所销售的产品相关,因为你完全可以在送礼物的同时,顺便提及公司的产品。

初次交谈的重要性对于销售人员来说是不言而喻的,好的开场白能够吸引住你的顾客,为你争取一次成功的机会。只有做到别人对你的话语感兴趣,说出别人爱听的,你的推销才算是成功了一半。这样也会为你之后的推销打下一个坚实的基础。

诚实的话更能打动人心

有的时候，我们在做销售工作时，不要总是把产品吹嘘得有多么好，这样不见得对方就会相信。在面对一些顾客的时候，我们可以把产品的缺点逐一地介绍出来。为什么要使用这样的方法呢？因为这样可以满足顾客的挑剔心理。

下面来看看这个流传很广的经典销售故事误打误撞出来的经验。

曾经有一个平凡的业务员，干了十几年的销售工作。突然有一天他对长期以来的编造假话、吹嘘商品等招揽顾客的做法感到十分厌恶，他觉得这是心灵上的一种压力。为了要摆脱这种压力。他决定要对人无所欺。因此，他下定决心今后要向顾客"讲真话"，即使被解雇也在所不惜。有了这个念头之后，他觉得心情轻松多了。

这一天，当一个顾客进店光顾时，顾客问他店中有没有一种可自由折叠、调节高度的桌子。

于是，他搬来了桌子，如实地向顾客介绍。他说："老实说，这种桌子不怎么好，我们常常接受退货。"

"啊！是吗？可是到处都看得到这种桌子，我看它挺实用的。"

"也许是。不过据我看，这种桌子不见得能升降自如。没错，它款式新，但结构有毛病，如我向您隐瞒它的缺点，就等于是在欺骗您。"

"结构有毛病？"客人追问了一句。

"是的。它的结构过于复杂，过于精巧，结果反倒不够简便。"

这时，他走近桌子，用脚去蹬脚板。本来，这里是要轻轻地踩，他却一脚狠狠踏上去。桌面突然往上撑起，撞到了那位顾客的下巴。

"对不起，我不是故意的。"

这时，客人反而笑了起来，脸上甚至露出喜悦的神色。

"很好。不过，我还得仔细看看。"

"没关系，买东西不精心挑选是会吃亏的。您看看这桌子用的木料，它的品质并非上乘，贴面胶合很差。坦白地说，我劝您还是别买这种桌子。您到别家家具店看看吧，那边的东西要好得多呢。"

"好极了！"

客人听完解说十分开心，也出乎意料地表示他想要买下这张桌子，并且要马上取货。

顾客一走，这位售货员就受到了主管的训斥，并被告知他被辞退了，马上要他办理离职手续。

这时，突然来了一群人，走到他面前，争着要看这种多用桌，一下就买走几十张桌子，说他们是刚才那位买桌子的客人介绍来的。

就这样店里成交了一笔很大的买卖。这件事也惊动了经理，销售人员不仅没被辞退，经理还主动提出要与他再续约。而且，将他的工资提高三倍，休假时间增加一倍，还把他如实介绍商品的做法称为新型的售货风格，并要他继续保持下去。

通过上面的故事我们可以看到，大部分顾客在购买产品时，都希望能够了解产品的真实特性，所以，当我们面对顾客的疑问时，真实的回答顾客的疑问，可以满足顾客的需求，这样更能够使得销售成功。

最能推销产品的人并不一定是口若悬河的人，而是善于表达真诚的人。当你用得体的语言表达出真诚时，你就赢得了对方的信任，建立起了人与人之间的信赖关系，对方也就可能由信赖你这个人而喜欢你说的话，进而喜欢你的产品。

我们在讲解产品的过程中，尽量少用带"最"字的限制词。有的推销员很喜欢讲自己的产品最好、最结实等，急于表明商品的优点。其实，这样讲反而容易引起顾客对商品的怀疑。再说，即使商品确实是市场上最好的，但在顾客没有亲眼见到，没有经过真实比较的情况下，推销员仅靠语言讲解来证明，是很难办到的，也是不能令人信服的。因此，避免使用最高级的限定词可以减少对顾客购买决策时带来的不良心理影响。

给"买卖"注入感情色彩

大张和小王是两个做豆腐生意的。两个人年龄相仿，吆喝的腔调也一样，都是尾部带着悠长的余韵，但两人生意的红火程度却不一样。大张的生意比小王的好很多。开始时大家都觉得奇怪，一样白嫩的豆腐，都是给足的秤，这是为什么呢？

后来，人们逐渐发现了其中的奥秘。原来，同样是卖豆腐，大张比小王多说一句话。比如，张大妈去买豆腐，大张会边称豆腐边问："身体还好吧？"如果跑运输的赵师傅去买，还会说："活儿多吧？"话语里透着理解和关心。时间久了，大家都把大张当成了朋友，即使不需要豆腐，听到他的吆喝，也要买一点放在冰箱里，就为了听一句充满温馨的问候。小王后来因生意清淡，无奈只好改行了。

主动与顾客说话，进行感情交流，让顾客感到，你不是在向他们推销业务，而是在关心他、想着他，要为人提供方便。这样，客户才会认可你的产品和服务。反之，如果待人接物总是缺乏热情，会让人十分扫兴。要知道，情绪是可以传染的。优秀的销售人员总是能够很好地向客户传递积极的情绪，用自己的热情感染对方，以促成交易。而那些业绩平庸的销售人员常常注意不到这一点，在不知不觉中因自己的消极情绪而影响了销售业绩，让许许多多的成交机会从身边溜走。

某公司的销售人员向客户推荐一款办公电脑，他多次给这位客户打电话，并开出非常优厚的条件，却还是被这位客户拒绝了。不料，几天之后，他听说另外一家实力不如自己的公司一次性卖给这位客户30台办公电脑。他百思不得其解，自己开出如此优厚的条件，另外一家公司绝对不会比他还优惠，但是这位客户为什么会选择那家公司而不是他们公司呢？

于是，他就打电话向那位客户询问原因。客户告诉他："你们公司的条件的确不错，但是你在电话里的语气冷冰冰的，而且商业味道很重，让我感觉非常不舒服；而那家公司的销售人员给我打电话的时候，他的语气让我觉得非常温暖！"

要知道，客户也是有血有肉的人，也是一样有感情的，他也有种种需要。因此，销售员如果一心只想着增加销售额，赚取销售利润，而没有一丝人性的感情在内，那就不必奢谈成交了。你应该首先用热情去打动客户，要让客户感到是在帮助他，而不是仅仅想赚他的钱。应该帮助他解决他真正的需要，做一个热心的参谋，帮他算账，帮他决策，时时让他切身体会到你的热情，从而感到可以相信你，与你达成协议。这样，你的销售额还愁不能成倍上升吗？

只有带着感情、充满热情才能唤起客户对你的信任和好感，这样，交易也能顺利完成。可见，推销并不仅仅只是商品的交易，也是带着感情色彩的交易。要想成为一个成功的推销员，就要懂得如何带着感情去推销。

人都是有感情的，在商业气息越来越重的现代社会，人们感情的交流和倾吐更显得可贵。对于充满商业气息的销售来说，如果能够抓住客户情感的心结，那么销售的成功概率无疑会大大提高。与冷冰冰的销售言辞相比，充满关爱的关怀有时更容易打动客户。有些销售员善于言辞，介绍产品时说得头头是道，可在推销的过程中四处碰壁，就是因为他在推销过程中，满嘴的商业气息，让人一点购买的欲望都没有。

诱导出客户的需求

一位顾客走到玩具摊前，伸手拿起一架遥控直升机，爱不释手地把玩着。

"您好！您的小孩多大了？"售货员彬彬有礼地发出试探信息。

"12岁。"

顾客不经意的回答却使售货员顿时兴奋起来。从反馈回来的信息中，她确认找到了实现目的的突破口，便立即发起了攻势："12岁，这样的年龄正是玩这种飞机的时候。"

她一边说，一边打开玩具飞碟的开关，拿起声控器，熟练地操纵着，同时又再次强化话语信息："玩这种飞碟，可以让孩子从小培养强烈的领导意识。"两三分钟后，介绍产品的任务完成了，果然顾客发出了新的信息："多少钱？"

"80元。"

"太贵了！"

"70元好了。"

接着，售货员又机灵地拿出两节崭新的电池，说："这样好了，这两节电池送您。"说着，便把一个原封的声控玩具飞碟连同两节电池，一起塞进备用的塑料袋里递给顾客。

这场销售交谈，虽然历时短暂，但也十分曲折。话题由商品可以开发孩子智力，到议定价钱，并从保证质量为顾客考虑等相关方面来引导顾客，依次递转、环环紧扣、语言亲和，使得顾客感觉你是在为他着想。这样你的目标就能够实现。

在销售中，我们要学会察言观色。当面对顾客时，我们要迅速地了解顾客的需求，并针对顾客的需求适时给出建议，这样顾客就会很高兴地接受。当然，在给顾客提建议的时候，语言一定要巧妙，而且还要认真接受顾客提出的意见，并给予解答，让顾客更加满意，达到双赢的效果。

我们来看看下面这个故事，这位销售人员就是通过仔细观察顾客，巧妙提出合理建议，从而取得了销售的成功。

一位先生带着儿子走进商场。人到柜台前还没开口，营业小姐就笑迎上去：

"先生，欢迎光临，您是想买一套棒球衣吧？"

先生奇怪地点头："你怎么知道的呢？"

营业小姐解释道："您一走向体育服装专柜，就一直盯着棒球衣，看您儿子手中还拿着棒球呢！"

这样一说，先生和他儿子都挺高兴，兴致勃勃地挑选了一套，准备付款。

营业小姐又恰到好处地多了一句嘴："我们还有配套的汗衫、长袜哦。"

先生经提示后觉得多买些凑成一套也不错，于是又买了汗衫、长袜。

如果这时候营业小姐缄口不言，包装完毕交付顾客，生意也算成交，可以说是比较成功了。但是，这位营业小姐用说家常的语气随便问顾客的儿子："小弟弟你有球鞋吗？"

其实，顾客本无买鞋的打算，顾客犹豫起来，营业小姐十分真诚地说："穿上全新的球衣、球鞋，那才真是精神呢。"先生听着她的话，欲罢不能，而一双球鞋已包好了送到了他的手里。

顾客在自然轻松的聊天中多了原本不打算买的汗衫、长袜和新球鞋。虽然超出了原计划的购买物品，但心里很愉快。这当然和营业小姐的巧妙销售大有关系。

试想，如果营业小姐不开口问，不肯多讲一句"废话"，说不定这位顾客和他儿子匆匆选套球衣就走了，甚至没有中意的球衣径直离开体育服装专柜。而营业小姐热情洋溢地"看菜下碟"，问明顾客需要什么，又顺便介绍其他商品，并且询问小顾客还缺什么东西，于是在顾客完成原定购买计划后又给顾客增加了三项支出：汗衫、长裤和球鞋。言语中没有出现"先生，看看这个吧。""先生，我建议你……""先生，你应该再买……"等这样体现强制购买或者急于求成的销售字眼，反倒说服了顾客。

　　顾客的心理是销售人员首先应该琢磨的，然后再顺应顾客心理，自然而然地暗示顾客，最后从闲聊中过渡到多做一桩生意，多卖一些商品，多推销一些产品，争取达到自己的目标。

第九章

拒绝别人不为难，关键在于"说"

　　我们在生活中常常会请求别人的帮助，当然也会遇到别人来拜托我们的时候。如果是可以帮忙的事，轻易答应下来当然没问题，一来助人为乐，二来也为自己积累了一份人情。

　　但是，有时候，对于别人拜托的事，我们自己也是心有余而力不足。答应吧，万一完成不了还让自己受累；不答应吧，拒绝别人又觉得好为难……怎么办呢？这个时候，语言又可以派上用场了，巧妙地说"不"，既能拒绝别人，又不会伤害两人的交情。

学会说"不"很重要

生活中的你，是不是常常有这样的经历：明明想对别人说"不"，却硬生生地把这个"不"字吞到肚子里去了，而违心地从嘴里蹦出来个"是"字？可是后来又越想越不对劲儿，心里说着"我其实当时应该拒绝他的""这个忙我根本就帮不了""我自己的事情都没有做完，怎么办"……于是你开始自责不已、悔不当初，最后一边为应承下来的事儿忙得焦头烂额，一边为自己的不懂得拒绝而深深懊恼。

不懂得拒绝的人，无论是面对上司的命令、顾客的要求、同事的请托以及工作中的任何突发状况，似乎都只能默默承受。因为他们觉得，如果自己说"不"，可能会面临一连串的麻烦：上司的不满、顾客的投诉、同事的怀恨在心……于是，为了维护自己的人脉，为了提升自己在同事间的口碑，为了让自己在工作上少一些阻碍，许多人在面对各式各样的请托和要求时，选择了接受，让自己陷入了如此难堪的局面。

只是，这样做正确吗？不妨看看以下案例再做判断。

张涛和李辉大学毕业后同时进入一家通信公司实习。这家公司可以说是全球无线通信行业的霸主，几乎在世界各地都有它的制造厂。能够进入这家公司，是莘莘学子的梦想，因此张涛和李辉两人都十分重视这次的实习机会。因为按照惯例，这家公司会从每一批实习的人员之中选择最优秀的一位留下来。

在进入这家公司之前，张涛便做足了准备。他觉得想要留在这家公司，上司的推荐和同事的口碑应该十分重要。因此，在进入这家公司之后，他为了笼络人心，对于所有同事都有求必应，诸如帮同事跑腿、帮经理助理打印……虽然常常因此把自己的工作做得不够好，但是他每次得到同事的赞美都觉得这样也值了。大家见这小伙子那么热心，便也逐渐不客气了：甲让他帮自己带早餐、乙请他帮忙接孩子……哪怕这些是与工作毫不相干的事情，张涛全都接受，毫无怨言。

而李辉却截然相反，有人请他帮忙的时候，他似乎总以自己的事情还没做完为借口推托，渐渐地，请他帮忙的人越来越少。因此，大家对张涛的评价越来越高。

三个月的实习时间很快结束了，转眼就到了宣布最终结果的时候。看着被叫进经理办公室的李辉，张涛暗自欣喜："谁教你不注意人际关系，只顾着埋头做事。能留下来的人一定是我。"

半个小时后，李辉从经理办公室走出来，带着平静的表情开始收拾自己桌上的东西。张涛正准备上前安慰他一下，却猛然发现情况似乎有些不对劲儿。原来，李辉在收拾完自己的东西之后，并没有离开，而是把这些东西放在另一张配有电脑的办公桌上，而那张桌子，正是为留下来的那个人所准备的。

就在张涛愣神的时候，有人拍了拍他的肩膀，示意他到经理办公室去一趟。怀着惴惴不安的心情，他来到经理办公室。

"张涛，这三个月来，你的表现大家都看在眼里。你很热心，同事们对你的口碑很好。说实话，站在朋友的立场，我很想留你下来。可是，站在公司的角度考虑，我们需要的是能在工作上做出成绩的人。在这段时间里，我很遗憾地看到你的主要精力并没有放在本职工作上。所以，我只能祝福你在新的公司一切顺利……"

生活中的你，是否有也过这样的经历：对于他人的要求，有时出于面子，有时为了不得罪人，不好意思拒绝，而只好勉强自己，违背自己的意愿，做了自己不是自己分内的事，还因此耽搁了自己应该做的事。

　　其实，很多人都会有过这样的经历。实际上，拒绝别人并不代表你对他不友善，也不代表你冷酷无情，没有人情味。不管对谁，只要你不想做或者违反原则，就有权利说不。否则，你的生活和工作会因此压力重重，这样会累坏自己的。

　　总之，要懂得在适当的时候说"不"，拒绝别人不一定是件坏事。如果你没有时间，没有能力帮助别人，那么拒绝别人的请求是你正确的选择。否则，问题拖下去只会越来越难解决。很多时候，正是因为你不懂得说"不"，才让自己陷入"被逼无奈"的窘境当中。更重要的是，这种草率的决定还会打乱自己的计划和安排，使自己的工作与生活陷入被动。长此以往，你将无法享受给予和付出所带来的真正快乐，正常的人际交往与互动都会沦为一种负累。

　　笼络人心对职场人士来说固然重要，但这并不代表我们在任何时候都不能拒绝。其实，根据实际情况，适当地对周遭的人说"不"，将更有助于自己顺利地完成本职工作，正如李辉那样，善于分辨什么是自己应该做的，拒绝那些对自己不利的干扰，这才是真正懂得工作的人所应具备的正确态度！喜剧大师卓别林曾经说过这样一句话："学会说'不'吧！那样，你的生活将会美好得多。"

怎么说出那个"不"字

不管是在生活还是职场中，我们常常都会遇到这样的问题：一位朋友或者同事突然开口，让你帮个忙。问题就在于，这个事情对你来说，已经有些超出个人能力范围。答应下来，自己忙上忙下，还不一定能够圆满完成；如果直接拒绝，面子上又实在磨不开，毕竟大家都相熟已久了。但是，应该怎么说，才能既不得罪人，又能达到拒绝的目的呢？

有人会直接对他说："不行，真的不行!"如果你真这么说了，当然拒绝的目的是肯定达到了，但是你可能因此失去一位朋友，甚至还会影响到你在这个圈子的口碑。有人会推托说："我能力不够，其实某某更适合。"那你有没有想过：当朋友或同事把你的这番话说给某某听时，他会做何反应？有人会不好意思地说："我真的忙不过来。"这个理由还算不错，可是只能用一次，第二次再用时，朋友或同事一定会用疑惑的眼光来看你。

那么，到底应该怎样说出那个重要的"不"字来呢？

1. 不妨先倾听一下，再说"不"

在工作中，往往每个人都会遇到这种情况，当你的朋友或同事向你提出要求时，他们心中通常也会有某些困扰或担忧，担心你会不会马上拒绝，担心你会不会给他脸色看。因此，在你决定拒绝之前，首先要注意倾听他的诉说，最好的办法是，请对方把自己的处境与需要，讲得更明了一些，自己才知道如何帮他。接着向他表示你了解他的难处，若是你易地而处，也一定会如此。

"倾听"能让对方产生自己被尊重的感觉，在你婉转地表明拒绝他人的立场时，也要能避免伤害他人的感觉，还要避免让人觉得你只是在应付他而已。如果你的拒绝是因为自己有一定工作负荷或者压力，倾听可以让你清楚地界定对方的要求是不是你分内的工作，而且是否在自己的能力范围内。或许你仔细听了他的请求后，会发现协助他有助于提升自己的工作能力与经验。这时候，你在兼顾自己的工作原则下，牺牲一点自己的休闲时间来帮助对方，对自己的发展也是绝对有帮助的。

"倾听"的还有一个好处是，虽然你拒绝了他，但你可以针对他的情况，建议如何取得适当的支援。若是能提出更好的办法或替代方案，对方一样会感激你。甚至在你的指引下找到更适当的方法，这样也会事半功倍。

2. 温和但又要坚定地说"不"

当你仔细倾听，明白朋友或同事的要求后，并认为自己确实无能为，只能拒绝的时候，说"不"的态度即要温和又要坚定。好比同样是药丸，外面是一层糖衣的药，就会比较让人容易入口。同样地，委婉表达拒绝，也比生硬地说"不"让人更容易接受。

例如，当你的同事的要求是不合公司或部门的有关规定时，你就要委婉地表达自己的工作权限，并暗示他如果自己帮了这个忙，就超出了自己的工作范围，违反了公司的有关规定。拿自己工作时已经排满而爱莫能助的前提下，要让他清楚自己工作的先后顺序，并暗示他如果帮他这个忙，就会耽误自己手头上的工作，会产生一些不必要的麻烦，也会给公司的利益带来一定的冲突。

一般来说，同事听你这么说，一定会知难而退，而再去想其他办法。

3. 说明拒绝的理由

拒绝在某种意义上，其实就是一种辩论。别人会想尽办法试图说服你接受，而我们则必须利用各种理由"反击"，向他说明自己不能接受的原因。如果我们要让对方心服口服，就必须说出一个值得信服的理由。当然，选择权在我们手上，即使没有理由，我们也可以选择拒绝对方；只是这样的结果，一定会让对方感到极度不悦，毕竟遭受毫无理由的拒绝，任谁都不会开心的。

4. 不要过多解释

有些拒绝者为了抚慰对方"受伤的心灵"，往往在拒绝之后，说出一大堆安慰的话，或为自己的拒绝说出一连串冠冕堂皇的理由。其实，这些都是画蛇添足，因为太多理由，反而让别人觉得你是在借故搪塞。所以，拒绝的理由只要说清楚就行了，不要解释过度。

在说"不"的过程中，除了技巧，更需要有发自内心的耐心与关怀。若只是随随便便的敷衍了事，对方其实都看得到。这样的话，有时更让人觉得你是一个不诚恳的人，对你的人际关系伤害更大。

总之，只要你真心地说"不"，对方一定也会了解你的苦衷，而且你也能成功达到拒绝别人的目的。

拒绝上司有办法

你已经忙得焦头烂额了，上司又给你分配了新的任务；明知道是不能完成的任务，上司还非要你完成；三天内不可能完成的计划书，上司却偏偏只给你三天时间……在工作中，你是否也会遇到一些上司不合理的要求？

一天，公司经理指着一叠至少有三四十页的稿纸对刚到公司不久的秘书小刘说："小刘，请你今晚把这一叠文件全部给我打一份出来。"小刘听到这话，看看讲稿，面露难色说："这么多，能打得完吗？""打不完吗？那就请你另觅轻松的去处吧！"恰巧经理正在气头上，于是小刘被"炒了鱿鱼"。

与小刘相同的是，小赵也曾遇到过上司这样的要求，但是小赵的拒绝方式不同，却得到和小刘不同的结果。

"小赵，你今晚务必把这一叠报告整理好。"主任指着厚厚一摞报告对秘书小赵说。

小赵看着厚厚一摞报告，心里非常为难。于是，他用充满内疚的眼神走到主任面前说：

"主任，对不起。恐怕没有时间，我还有其他的重要文件需要处理，还有一些你明天早上需要用的演讲稿我都必须把它整理出来。所以，真的不好意思。"

主任听了，笑了笑说："没关系的，这个也不急着用，你慢慢整理吧！等你整理好了，再把它拿给我好了。"

小赵没有直接拒绝主任说今天晚上完不成，而是让主任知道他的苦衷和难处，暗示自己今天晚上没有把握把报告整理出来。这就是很好的拒绝办法。

小刘的被"炒"实在令人惋惜。然而，像小刘这样生硬、直接地拒绝上司的要求，给上司的感觉是她在对抗，不服从上司安排，完全不把上司的威信当回事，被"炒"也就难免了。如果小刘当时积极地立即拿过那一堆稿子坐到计算机前马上开始打，过一两个小时后，把打好的一部分交给经理看，再委婉地表示自己的困难，那么经理肯定会很满意她的表现。这样不但维护了上司的威信，也会使他意识到自己要求的不合理，从而会延长时限，最后也不至于解雇下属了。

在工作中，当上司提出了一些明显不合理的请求时，这就需要我们认真考虑好，自己能否胜任，是否有能力去完成。把自己的能力与事情的难易程度以及客观条件是否具备结合起来考虑，如果认为自己不能接受，就要选择适合的方法加以拒绝。跟上司说"不"，确实不是一件简单的事，要会巧妙地运用各种技巧回避锋芒，避免与上司直接对抗。那么，怎样才能让上司听到了你的"不"以后而不会生气呢？

1. 理由一定要充足

首先，而应先谢谢上司对你的信任和看重，并表示很乐意为他效劳。再含蓄地说明自己爱莫能助的困难。比如，"现在我手里跟的项目，全部都要月底才能完成。其他人对这几个项目都不熟，若是现在让我去接新的项目，这些项目可能会出问题。"这样，充足的理由、诚恳的态度一定能获得上司的理解。

2.. 不可一味地拒绝

尽管你拒绝的理由冠冕堂皇，但是上司也许仍坚持非你不行。这时，你便不能一味地拒绝，否则，上司可能会以为你只是在推托，从而怀疑你的工作干劲和能力以致失去对你的信任，在以后的工作中，也会有意无意地使你与机会失之交臂。

3. 提出周全的方法

如果上司仍然坚持让你去完成这项工作，这时，你要仔细考虑，千万不可因上司没有答应你的要求而怒气冲天，拂袖而去。你可以坐下来与上司共商计策，或者说："既然这样，那么过一天，等我手头的工作告一段落，就开始做，您看怎么样?"你也可以向上司推荐一位能力相当的人，同时表示自己一定会去给他出点子、提建议。这样，你就能进一步赢得上司的理解和信任，也会为你以后的工作、生活铺开一条平坦的大道。

　　总的来说，拒绝上司意味着可能会得罪上司。人际交往尚且如此，若在工作上遇到类似事件，则可能造成更大麻烦。尤其对于年轻的职场新人来说，这是一个很让人头疼的问题。如果拒绝不当，可能令上司误会你是在逃避责任，或对自己能力的不确定。如果他今后不再安排什么任务给你，千万别沾沾自喜，以为自己走运了，因为公司永远不需要做不了大事的员工。长期已存在感超低的状态持续下去，不久就会被列入"留校察看"的行列。

　　因此，不管你拒绝的是公事还是私事，都需要很大的勇气。虽然，对上司说"不"不是令上司非常愉快的事情，但是如果能够掌握对上司说"不"的技巧，并在实践中有区别地加以应用，一定会"拒而不绝"，让上司在你的诚恳中理解你的不便之处，这样就不至于影响你的工作发展。

拒绝别人千万不要让对方难堪

在人际交往中，我们常常会遇到一些难以答应的请求。但是，言辞生硬，直接回绝别人，往往造成不好的结果。而这时最好的方式就是委婉表达出自己拒绝的意思，让对方知难而退，这样既不伤朋友间的和气，也不违反自己为人处世的原则。

罗斯福当海军助理部长时，有一天一位好友来访。谈话间朋友问及海军在加勒比海某岛建立基地的事。

"我只要你告诉我，"他的朋友说，"我所听到的有关基地的传闻是否确有其事。"

这位朋友要打听的事在当时是不便公开的，但是好朋友相求，如何拒绝是好呢？

罗斯福望了望周围，然后压低嗓子向朋友问道："你能对不便外传的事情保密吗？"

"能。"好友急切地回答。

"那么，"罗斯福微笑着说，"我也能。"

这位朋友明白了罗斯福的意思，之后便不再打听了。

后来，罗斯福的这位朋友仍然和他交往着，感情并没有减淡，因为那人很清楚罗斯福做事一向是很有原则的。

在上面的故事中，罗斯福采用的是委婉含蓄的拒绝。在朋友面前既坚持了不能泄密的原则立场，又没有使朋友陷入难堪，体现了高超的语言运用能力。相反，如果罗斯福表情严肃，义正词严地加以拒绝，其结果必然是两人之间的友情出现裂痕甚至危机。拒绝对方，也要给对方留足面子。当我们用委婉的方式来表示拒绝，就不会使对方难堪了。

我们对别人说"不"，是维护自己权益的行为。但是在维护自己权益的同时，也应当尽量照顾到对方的感受。虽然拒绝要态度明确，但仍须通过各种语言的艺术，不要让对方感到难堪。

汉光武帝刘秀的姐姐——湖阳公主的丈夫死后，看中了朝中品貌兼优的宋弘。有一次，刘秀招来宋弘，以言相探："俗话说，人地位权利高了，就要改换自己结交的朋友；人富贵了，也可以改换自己的妻子，这是人之常情吗？"宋弘回答说："我只听说'患难之交不可忘，糟糠之妻不下堂'。这句话的意思是：无论人是在生活贫困、地位低下还是富贵、地位高权得高时候，都不能把朋友忘记，最初的结发妻子也不能让她离开身边。"

宋弘自然深知刘秀问话的言外之意。但他进退两难。应允吧，违背了自己的人品，也对不起贫贱相扶的妻子；含糊其词吧，还会招来麻烦，毕竟是一国之君；直言相告吧，也不得体，又有冒犯龙颜之患，所以他也引用古语来"表态"，委婉而又直截了当地表明了自己的态度与立场，也是一个良好的拒绝他人的办法。

说"不"固然不太容易，但说话高手们总会让自己的拒绝明确而合理。不但能够在委婉的语言中让对方免于难堪，给对方一个台阶下，同时也明确地表达出自己的意思，对方知难而退从而达到拒绝他人目的。

含混不清的拒绝要不得

很多人，在拒绝别人的时候怕得罪别人而影响彼此的感情，总是喜欢含糊其词。听得懂的人自然还好，能够明白这是对方拒绝的说辞；没听懂的人，自然就会会错意，然后默默地等待着你的帮助。等到某天，见交代你这么久的事还未办妥，便又来，说起："你上次帮我办的事，怎么这么久都还没办好呢"，这时你才错愕地回答他："我什么时候说过帮你的忙？"……然后，这时把话说开，对方才领悟过来，你觉得自己很无辜，对方更多的却是埋怨，从此，两人关系便开始越走愈远。

虽然拒绝别人真的很为难，但是你要记住，滥用你的委婉，不明确地拒绝别人，只会给大家造成不必要的误会，让双方都受到损害。

小王和小张是一起长大的好朋友。但是小王从小就勤奋好学，所以一直念书念到了研究生毕业，工作后也是一帆风顺，现在已经一家知名企业的部门经理。而小张呢，从小就调皮捣蛋，所以高中毕业便出去打工了。但是小张这人一直不长进，虽然在社会上混了那么多年，却也没混出个什么名堂。最近听说小王在某家大公司当经理，便想去谋个好职位。

小张找到小王说："小王，看在我们俩这么多年交情的份上，这个忙你可得帮我啊。"

小王其实很为难，因为他们公司有规定，学历至少是本科以上，但是鉴于好朋友，他又不好直接推脱，只好回答："这个事有点不好办。首先，你的学历不符合规定，难度比较大，何况招人的名额有限。不过，我会尽力争取，当然你不要抱太大希望。"

　　小张听小王这么说，只觉得可能是有点难，但是小王尽力的话，应该没问题，就没有多想，回家安安心心地等着上班。可是等了两个星期，也没有收到任何通知上班的邮件或者电话，小张再次找到小王：

　　"你上次说帮我的忙，怎么还没消息呢？"

　　小王很为难地说："哥们，不是我不帮你，是真的不行啊，你也知道你的学历不符合我们公司的要求的，我实在无能为力啊。"

　　小张一听，生气地说道："你帮不了就帮不了啊，直接给句痛快话呀！浪费了大半天工夫，早干吗去啦？"

　　就这样，小张和小王闹掰了，二十几年的交情也因此没了。

　　上述所讲到的结果当然我们每个人都不希望遇见。因此就需要我们在拒绝的时候，不要因为过于照顾对方的颜面，而把话说得模棱两可。大多数人都不好意思说出拒绝别人的话。然而很多时候对方提出的某些要求很过分，不是我们自己力所能及的。这就出现了如何拒绝他人的问题，因为硬撑着导致的结果更糟。

　　拒绝的时候态度一定要坚决。何谓坚决？就是明明白白地告诉对方，这件事自己无法做到，让他另请高明。

　　"对不起，我真的帮不上忙"和"这问题恐怕很难解决"相比，后者显然会给被拒绝者带来更大的想象空间。当我们试图用一种很婉转的态度拒绝别人时，通常不会收到太好的效果。因为模棱两可、暧昧不清的拒绝，并不会让对方丧失希望，正所谓希望越大，失望越大。与其让对方抱着不切实际的幻想空等，不如在最初便狠心拒绝，或许会帮助他找到更好的解决方法。

　　我们心里要明白，无论是坚决说"不"，还是委婉说"不"，最终要达到的目的都是相同的，即让对方知道自己的表态是决定性的，没有妥协余地。这种表态方法的差别仅限于语气上的软硬，而在话语的指向上需要准确无误。

　　总之，你的言语必须确实明白地表示出你自己的想法。很多事情虽一时能敷衍过去，但总有一天，当对方明白你以前所有的话都是托词时，就会对你产生很坏的印象。所以，与其如此，不如干脆一点儿，坦白一点儿，毫不含糊地讲"不"。

幽默是轻松的拒绝方式

我们都知道，幽默是可以化解尴尬的场面，幽默可以赢得陌生人的好感，幽默可以拉近陌生人之间的距离……幽默的语言总是有着神奇的作用，而在拒绝别人的时候，幽默也可以获得良好的效果。

现实生活中拒绝是一件令人遗憾的事，但却又是无法回避的事。有时候自己的至亲好友，从不开口求人，偶尔万不得已，求你一次，不幸遭到拒绝，轻则失望，重则大发雷霆。有的患难之友，曾经在你困难时鼎力相助；如今有求于你，你心有余而力不足，但他不相信，指责你忘恩负义。有的恳求虽然合理，但迫于客观条件的限制，一拖再拖，始终无法得到解决。无论哪一种情况，拒绝别人都是一件难于启齿的事。一怕生硬地语言伤害打击到对方的心灵，二来又怕不恰当的拒绝破坏两人原本的关系。那么是否有一种两全其美的方法，既不会伤害别人的面子，还可以巧妙地拒绝呢？回答是肯定的。纵观中外历史，许多名人、伟人都善于使用特别的"语言武器"，很机智地拒绝对方，这种特别的"语言武器"就是"幽默"。

美国的有一位女士读过《围城》后，便给钱锺书先生打电话说，希望能够见一见钱锺书先生。但钱锺书先生向来淡泊名利，不爱慕虚荣，于是他就在电话中这样说道："假如你吃了一个鸡蛋觉得不错的话，那你又何必要见那个下蛋的母鸡呢！"在此，钱先生以其特有的幽默和机智，运用新颖、别致而又生动、形象的比喻，拒绝了那位美国女士的请求。钱锺书先生的这番话不仅维护了美国女士的自尊心，还使自己避免了不必要的麻烦。

　　用幽默的语言拒绝对方提出自己难以接受的要求，不仅坚持了自己的原则，还能够保全别人的面子。这种幽默的语言，既不答应对方的不合理的要求，还避免了使对方尴尬，同时还可以营造一种轻松愉快的气氛，并且还可以显示出被提要求一方具有豁达大度的处世风格。

　　生活中，拒绝一个人是需要勇气的。因为拒绝就意味着将对方拒之门外，拒绝了对方的一片"好意"，有时会让对方很难堪。这时，我们要根据不同的场合和对象进行考虑，选择恰当的方法婉转地拒绝，不能因为自己的拒绝而伤害对方的情感。

　　拒绝不仅是一门艺术，更是一门学问，还可以很好地体现一个人的综合素养。当别人对你有所希求而你办不到，不得已要拒绝的时候，要学会幽默地拒绝他人。所谓婉言拒绝就是用温和曲折的语言，把拒绝的本意表达出来。同直接拒绝相比而言，幽默的拒绝更容易被接受。因为幽默的拒绝方式在很大程度上顾全了被拒绝者的颜面。

　　洛克菲勒是一个富翁，他在自己的一生中至少赚了 10 亿美元。但他深知，过多的财富会给他的子孙带来很多的麻烦，所以洛克菲勒将高达 7.5 亿美元的金钱都捐出去了。

　　然而，他总是会在捐钱之前，首先搞清款项的用途，从不随便捐。

　　有一天，在洛克菲勒下班的时候，在回家的途中被一个懒人拦住。那个拦路人向他诉说自己的不幸，然后恭维地说："洛克菲勒先生，我是从 20 里以外步行到这里找您的，在路上碰到的每个人都说，你是纽约最慷慨的大人物。"

　　洛克菲勒知道这个拦路人的目的就是向他讨钱。但他并不喜欢这种捐款方式，但又不愿意使对方感到难堪。怎么办呢？洛克菲勒想了一下，便对这个懒人说："请问，待会儿您是不是还要按照原路回去？"懒人点了点头。

　　洛克菲勒就对懒人说："那就好办了，请您帮我一个忙，告诉刚刚碰到的每个人：他们听到的都是谣传。"

　　面对别人无理的要求，你想拒绝，但又不能用明确的语言来拒绝，这样会令人难堪。这时，你可以运用幽默委婉的语言拒绝，不仅表达了自己的拒绝意图，还会使对方乐于接受。

　　幽默地拒绝别人是一种艺术。在拒绝别人的时候，我们可以引用一些名人名言、俗语或谚语的方式来作答，来表明自己的意思，或佐证自己的观点。这种拒绝的方式好处是很明显的，既增加了说话的权威性与可信度，还省去了许多解释和说明，更能增添口语的生动性与感染力。

　　幽默的拒绝技巧体现了一个人灵活交际的能力，它有助于处理好人与人之间的关系，运用得好，可以达到文雅得体，幽然含蓄，弦外有音，余味无穷的奇妙境地。所以，在拒绝别人的时候，我们不妨试着用些诙谐、幽默的语言委婉地拒绝对方，更容易被人接受和理解，还能帮助自己免去了很多麻烦。

抓住时机说"不"

很多人在拒绝别人的时候，因为不好意思，所以在态度上犹豫不决，说话吞吞吐吐，欲言又止，欲藏又露。在这种心理的制约下，最终往往是依照对方的意图行事。即使拒绝了对方，其态度也容易使对方产生误解，认为你成心拿架子，不够朋友。因此，要想使自己在工作和社会交往中，不致惹出许多麻烦，应该立马表示出你的态度。

"对不起。"

"没有办法。"

正确的时间说出正确的话，可以发挥事半功倍的效果；但若在正确的时间说错话，或正确的话却在错误的时间说出来，都只能落得事倍功半的后果。拒绝是个很敏感的话题，我们如果无法找对恰当的时间，就会让拒绝的效果大打折扣。因此当我们决定拒绝对方时，一定要抓住最好的时机。

经理把项目方案汇报给董事会之后，受到董事们一致的赞许。为了表示庆祝，经理决定请部门全体员工出去吃饭，做出这份方案的最大功臣张莹，自然是聚会不可或缺的灵魂人物，她第一个接到经理的邀请函。

经理要举办庆功宴，张莹当然高兴，但是张莹当天晚上已经有了约会，她本想拒绝经理，但是见经理兴冲冲的样子，她觉得若是不答应，会很扫兴，于是她并没有及时回答，而是说等下班再说。

经理还以为张莹是因为腼腆而不好意思直接答应，于是兀自高高兴兴地安排起晚上的聚会，同时也邀请了部门其他同仁。

但是等到临下班，一切都准备妥当了，张莹却突然告诉经理晚上另外有约，不能参加聚会。这迟来的拒绝顿时使经理措手不及，为了促进同仁和管理阶层之间的互动，他甚至邀请了几位高层主管一起来助兴……这下子灵魂人物不能出席，聚会自然失去了原来的意义。经理一下子像被泼了一盆冷水。

张莹因为觉得拒绝经理很为难，于是没有在第一时间拒绝经理，让经理误以为张莹已经答应下来，然后精心准备好庆功宴后，张莹却说不来了，这将置经理于何地？如果张莹能够及时拒绝经理的邀请，告诉经理晚上已经有约，经理绝对可以把聚会时间调整到第二天或周休日。但正由于张莹的拖拉，让事情变得更加复杂，也让经理和张莹都陷入尴尬的境地。即使张莹勉为其难放弃了另一边的约会，也不会让经理的心情好受。

所以，有时候，拒绝别人最好当机立断，吞吞吐吐，一来可能让人误以为你答应了，二来可能别人以为你是想晚一点答应。所以，在第一时间说"不"是拒绝很关键的一点。

当然，在现实生活中遇到的拒绝情况大小、性质各不相同，因此你在选择时机的时候，应当视实际情况做些变化、调整。比如，有时候别人拜托你的事，可能并不需要你立马办，但是你知道办不了，但是你立马说"不"，可能别人就会表示怀疑：你都没有去尝试过，怎么知道办不了，分明就是不想帮忙。所以，在这种情况的时候，你就应该回去考虑几天，甚至做一些尝试，然后再去拒绝别人，别人才会真正死心，而不怪罪于你。

借"别人的意思"来拒绝

很多时候，拒绝的话总是让人难于启齿，甚至还要绞尽脑汁去想一些拐弯抹角的拒绝方式，既能把"不"字直接说出口，还能切断所有后路，让对方无法采取别的方式再来麻烦你。有时候，拒绝别人你可以不用这么费神，关键是你要懂得借用"别人的意思"。

某造纸厂的销售人员去一所大学销售纸张，销售人员找到他熟悉的这所大学的总务处长，恳求他订货。总务处长彬彬有礼地说："实在对不起，我们学校已同一家国营造纸厂签订了长期购买合同，学校规定再不向其他任何单位购买纸张了，我也是按照规定办事。"

于这就是借"别人的意思"来拒绝。这个事件中，虽然是总处长说出那些的话，但是这拒绝却不是总务处长的意思，而是"学校"，学校的规定，谁也无法违反，事情就这么简单。所以，借"别人的意思"来拒绝就是这么容易的。

以别人的身份表示拒绝，这种方法看似推卸责任，却很容易被人理解：既然爱莫能助，也就不便勉强。

一位和善的主妇说，巧妙拒绝的艺术使他一次又一次免受了推销人员的打扰。每当销售人员找上门来，她便彬彬有礼但态度坚决地说："我丈夫不让我在家门口买任何东西。"这样，推销人员会因为被拒绝的并不仅仅是自己一个人而心理上得到了一点平衡，减少了被拒绝的不快。

人处在一个大的社会背景中，互相制约的因素很多，为什么不选择一个盾牌来挡一挡呢？比如说：有人求你办事，假如你是领导成员之一，你可以说，我们单位集体决定这些事情的，像刚才的事，需要大家讨论才能决定。不过，这件事恐怕很难通过，最好还是别抱什么希望，如果你实在要坚持的话，待大家讨论后再说，我个人说了不算数。比如，某单位一位职工找到车间主任要求调换工种，车间主任心里明白调不了，但他没有直接回答，而是说："这个问题涉及好几个人，我个人决定不了。我把你的要求反映上去，让厂部讨论一下，过几天再答复你，好吗？"这就是巧借他人来表达你的拒绝，而且完全不会得罪于人，并不是我不帮你的忙，而是我决定不了。对方听到这样的说服，自然也就只有知难而退了。

借"别人的意思"来表示拒绝的好处有：

（1）容易被人理解和接受；

（2）让对方觉得你很诚恳，自然不会再刁难你；

（3）表现出一种对决策的无权控制，从而全身而退。

我们在生活或者工作中，有时候会遇到朋友向我们提出一些我们无法做到的要求，但又不能直接拒绝，这时，我们就可以借别人的话来回绝朋友的要求。

张林在一家商场的电器部工作。一天，他的好朋友来买空调。把店里陈放的样品全部看完后，还觉得不满意，要求张林领他到仓库里去看看。张林面对好朋友，一时不知道该如何说"不"。忽然他灵机一动，笑着说："前几天经理刚宣布过，不准任何顾客进仓库，我要带你进去了，我就可能被责罚。"

张林借他人之口拒绝了朋友的要求，尽管朋友心中不大高兴，但毕竟比直接听到"不行"的回答要舒服些，也减少了几分不快。